U0690649

矿建企业集团
资源协同管理研究

侯艳辉 郝 敏 著

应急管理出版社

·北　京·

内 容 提 要

　　本书在对矿建企业集团资源协同内容和协同层次进行研究的基础上，确定了资源协同系统的序参量以及资源协同能力的提升路径，即通过构建资源协同组织体系、资源协同计划体系、资源优化配置体系和资源协同信息管理平台提高资源协同能力。在此基础上，基于 PMO 理论设计了资源协同管理组织体系；基于 BPR 理论设计了矿建企业集团资金、设备、物资和人力资源协同计划体系；构建了多项目优先级评价模型；设计了基于项目优先级的资金、设备、人力资源优化配置模型和资源配置效率评价体系；采用结构化开发方法构建了资源协同信息管理平台的概念模型。

　　该书可供矿井建设企业管理人员，以及从事项目管理研究的人员参考使用。

前　言

矿井建设行业属于工程建设类行业，基于项目的管理是其主要的经营运作形式。作者曾对国内 5 家大型矿建企业集团 2010—2014 年承建的矿建工程项目进行跟踪和调查，发现只有不到 30% 的项目能够按期完工，70% 以上的项目超期，超期项目中有近 40% 的项目实际工期超出计划工期 50% 以上，对企业的经济效益产生直接的、巨大的影响。通过与项目负责人、集团高层管理人员的座谈、交流和分析发现，排除业主的因素之外，矿建企业集团作为施工方在项目管理过程中普遍存在以下问题：

1. 组织结构不合理，多级管理不协调

项目之间、项目部与职能部门之间、职能部门之间、子公司与集团母公司之间的协调难度大，包括利益分配不平衡；多头领导意见不一，影响正常工作；项目部门与职能部门管理的不协调等。

2. 进度计划分解不够细致，责任界定不够清晰

传统的工程计划体系下，项目计划执行者与计划制定者是脱节的，计划制定者关心的是工程项目目标，而对于项目执行过程中的资源冲突与约束、环境地质条件变化以及各种风险因素等往往缺乏考虑或考虑不全，导致计划与实际情况偏差大，计划的可执行性差。

3. 关键资源缺乏整合

在矿建企业集团多项目管理中，由于项目的复杂性，资源调配工作更为烦琐和复杂。另外，由于工程项目信息在集团内部的共享和传递不及时，项目实施监管不到位，造成资金、设备、物资、人力资源等关键资源的调度和配置不科学，资源的整体利用效率低。

4. 资源配置不科学

企业集团的关键资源未能根据多项目进度计划安排进行全局的优化调度和调整。有些企业即便能做到参照工程项目进度计划实时动态配置资源，但也没有站在矿建企业集团全局视角优化资源的配置，资源的整体效应未能得到有效发挥。

由上述分析可见，造成矿建企业集团项目进度偏差的因素很多，涉及了项目管理的若干方面和领域，而其中关于资源共享、资源整合、优化配置等方面的问题占有很大比例。

企业资源理论认为，资源是企业构成的基本元素，企业的竞争优势很大程度上来源于其拥有或能支配的资源。最大限度地整合资源、优化配置资源，提高整个企业的经济效益是企业集团化运作的基本目标。站在全局视角，进行集团资源的整合、共享、优化配置和调度，最终实现资源的协同，并会产生多方面的效率和效应。因此，如何合理地整合企业集团资源，最大程度地利用好资源，使各种资源发挥协同效应，产生协同经济，已成为企业集团经营者关注的焦点。

鉴于此，本书针对矿建企业集团资源协同管理问题进行研究，根据矿建企业集团资源管理的特点，研究矿建企业集团资源协同管理的相关问题，设计完整的矿建企业集团资源协同体系，为矿建企业集团实现资源协同效应提供支持。

本书首先从协同内容和协同层次两个维度对矿建企业集团资源协同体系结构进行分析，基于支配原理和序参量原理对资源协同系统的序参量进行研究，确定"资源协同能力"为系统序参量；针对该序参量，采用问卷调查和项目分析的方法，构建资源协同能力影响因素量表；依据量表设计调查问卷，采用因子分析法提取资源协同能力影响因子，并对影响因子之间的关系进行分析，确定资源协同能力的提升路径。接下来，对传统项目管理组织模式存在的问题进行分析，明确资源协同管理组织体系设计的目标，构建矿建企业集团资源协同管理组织体系。在此基础上，站在矿建企业集团战略角度和全局层次，结合矿建行业资源管理的实际和特点，基于流程再造的思想设计矿建企业集团资金、设备、物资和人力资源协同计划体系。然后，基于 BSC 概念模型，采用文献计量法构建多项目优先级评价指标体系，采用 FAHP 和熵权法集成的方法确定指标权重，采用 TOPSIS 法进行多项目优先级评价。设计基于项目优先级的资金、设备、人力资源三种关键性资源优化配置模型及求解算法，同时构建基于超效率 DEA 的资源优化配置有效性评价指标体系和评价模型，建立资源优化配置的反馈机制。最后，采用结构化开发方法对资源协同信息管理平台的数据流和主要功能进行设计，对资金管理、设备管理、物资管理和人力资源管理 4 个关键子系统进行管理业务流程分析和数据流程设计。

由于作者水平有限，书中错误之处敬请读者批评指正。

作　者

2019 年 5 月

目　　　录

1　绪　　论

1.1　问题的提出

1.1.1　资源协同——企业集团效益最大化的重要手段

企业资源理论认为，资源是企业构成的基本元素，企业的竞争优势很大程度上来源于其拥有或能支配的资源。最大限度地整合资源、优化配置资源，提高整个企业的经济效益是企业集团化运作的基本目标。站在全局视角，进行集团资源的整合、共享、优化配置和调度，最终实现资源的协同，此举会产生多方面的效率和效应：各成员企业既可以共享各种物资、设施、设备、工具、人才等实体资源，也可以运用和共享集团的品牌、商誉、专利、营销渠道、管理技能等无形资源，从而使各成员企业能够获得成本优势和创新优势，在市场上形成与竞争对手不同的竞争地位。因此，如何合理的整合企业集团资源，最大程度的利用好资源，使各种资源发挥协同效应，产生协同经济，已成为企业集团经营者关注的焦点。

在矿建行业中，部分资金充足、技术雄厚、信誉度高的大型矿建企业以自身为核心企业，通过产权关系和生产经营协作等多种形式与其他企事业法人组织共同组成经济联合体，组建了矿建企业集团，以集团的优势来应对激烈的市场竞争。然而，与单个企业管理相比，企业集团在管理体制、经营方式和生产形式等方面截然不同，对企业集团各种资源的管理，也应该采用新的资源管理理论和方法，以满足资源协同管理的需求。因此，探讨企业集团资源协同的机制、机理、方法和技术具有重要的理论研究价值和实践指导意义。

1.1.2　资源协同——多项目进度控制的重要基础

矿井建设行业属于工程建设类行业，基于项目的管理是其主要的经营运作形式。作者曾对中煤第三建设集团、中煤第五建设集团、兖矿集团东华建设有限公司等国内大型矿建企业集团组织过相关调研，对上述集团 2010 年以来承建的矿建工程项目进行抽样调查，发现只有不到 30% 的项目能够按期（或提前）完工，70% 以上的项目超期；超期项目中有近 40% 的项目实际工期超出计划工期 50% 以上，这直接影响了矿建企业集团的经济效益。对上述矿建企业集团承建项目发生进度偏差的原因进行分析发现，除业主的因素外，矿建企业集团作为施工方也存在诸多问题：

1. 组织结构不合理，多级管理不协调

项目之间、项目部与职能部门之间、职能部门之间、子公司与集团母公司之间的协调难度大，总结起来主要有以下三方面：

（1）利益分配不平衡。不同项目的投入和产出不同，不同利益主体之间如果收益分配机制不合理、不平衡，容易导致相互之间工作上的抵触和扯皮，影响项目工期，最终损害矿建企业集团的整体利益。

（2）多头领导意见不一，影响正常工作。从组织结构设置层面看，发生进度偏差的矿建企业集团其母子公司之间、子公司内部项目主管和职能部门主管之间的权责利界定多数不清或不合理，多头领导，意见分歧，正常工作无法开展，导致项目延期。

（3）项目部门与职能部门管理的不协调。集团职能部门要同时管理多个并行开展的、跨地区的、跨专业的项目。此时由于职能部门自身专业水平、管理能力的有限，或对工程项目实际情况了解不透彻等原因，职能部门时常出现服务滞后或服务不到位的情况，导致职能部门与项目部门之间推诿扯皮，矛盾不断。

2. 进度计划分解不够细致，责任界定不够清晰

传统的工程计划体系下，项目计划执行者与计划制定者是脱节的，计划制定者关心的是工程项目目标，而对于项目执行过程中的资源冲突与约束、环境地质条件变化以及各种风险因素等往往缺乏考虑或考虑不全，导致计划与实际情况偏差大，计划的可执行性差。

为了提高进度计划的可执行性，计划制定者与执行者之间必须密切联系和沟通，必要时可将底层细节计划的编制工作交由计划执行者完成，上下联动编制项目进度计划，实时监测进度执行情况，分析进度偏差原因，及时调整进度计划。

3. 关键资源缺乏整合

在多项目管理过程中，由于受到资源的限制，项目之间或同一项目中的不同工序之间均存在资源的共享和冲突。在矿建企业集团多项目管理中，由于项目的复杂性，资源调配工作更为烦琐和复杂。另一方面，由于工程项目信息在集团内部的共享和传递不及时，项目实施监管不到位，造成资金、设备、物资、人力资源等关键资源的调度和配置不科学，资源的整体利用效率低。

（1）资金调配方面。矿建企业工程项目一般资金需求量大，但集团母公司垫资现象普遍，资金管理集中度不够，资金回笼速度慢；财务信息的集中度和共享度低且缺乏监管。

（2）大型设备调拨方面。多数矿建企业集团大型设备实施分级管理，部分设备的管理权下放到项目部，此类设备跨项目部的调配不畅通。同时，由于信息化手段的欠缺，对大型设备动态数据的管理不全面、不准确、不及时，导致项目部设备采购计划、设备租赁计划的审批缺乏依据，决策缺乏支持。

（3）物资供应方面。项目部分散零星采购普遍，供应商选择不够优化，由于采购批量小，造成议价能力低，采购成本高。物资质量缺陷、供货不及时现象时有发生，影响工程正常进展。

（4）人力资源配备方面。矿建工程项目一般涉及矿建、土建及安装三大类工程，工程技术复杂，要求高。而项目经理、高级技术骨干等重要人力资源的能级界定及在多项目间的配置方式仍采用经验和主观判断方式进行，很大程度上影响到了工程的工期和进度。

4. 资源配置不科学

项目管理理论告诉我们，项目进度与关键资源的供应和分配存在密切联系。多项目进度计划过程必然要考虑有限资源在多项目多活动中的科学配置问题，以实现矿建企业集团多项目整体利益最大化。

但在实地调查中发现，多数矿建企业集团关键资源未能根据多项目进度计划安排进行全局的优化调度和调整。有些企业即便能做到参照工程项目进度计划实时动态配置资源，但也没有站在矿建企业集团全局视角优化资源的配置，资源的整体效应未能得到有效发挥。

由上述分析可见，造成矿建企业集团项目进度偏差的因素很多，涉及了项目管理的若干方面和领域，而其中关于资源共享、资源整合、优化配置等方面的问题占有很大比例。因此，提高多项目资源协同管理的水平将有助于解决多项目进度控制中存在的问题。

鉴于此，本书针对矿建企业集团资源协同管理问题进行研究，探讨围绕资源协同这一主题的相关内容，建立完整的矿建企业集团资源协同管理体系，以期为矿建企业集团资源协同管理水平的提高提供可借鉴的参考和依据。

1.2 研究目的与意义

随着经济全球化进程的不断推进和信息通信技术的快速发展，企业协同的成本不断降低，实现协同效应的可能性逐步增强，这些因素为协同理论在企业管理实践中的应用提供了新的机遇，也推动了协同理论发展。

本书通过综合应用协同学、系统工程、企业资源论的理论和技术方法，以矿建企业集团为研究对象，开展资源协同管理体系的系统研究，探讨企业集团资源协同的机制和机理，为资源协同问题的研究奠定初步的理论基础。通过界定资源协同系统的序参量，运用实证分析方法研究序参量的影响因子，确定资源协同能力提升的路径，为企业集团资源协同管理提供思路和指引。通过构建资源协同管理组织体系、资源协同计划体系、资源优化配置体系和资源协同管理信息平台，建立完整的矿建企业集团资源协同管理体系，为资源协同水平的提高提供科学的参考和依据。

目前理论界对企业集团资源协同的研究主要侧重于某一类资源的协同问题，如人力资源、财务资源、创新资源等，或者研究协同管理的某一领域和环节，如协同效应评价、协同能力管理模型、协同机会识别等，对于企业集团资源协同整体机制的研究较少，而面向矿井建设类企业集团资源协同管理的研究则更少。

从企业集团资源管理实践的角度来讲，本书提出的资源协同管理方法和模型，将有助于解决我国矿建企业集团资源管理中存在的问题，对企业提高资源协同管理水平，赢得持续竞争优势具有较强的指导意义和应用价值。

1.3 研究内容及范围

1.3.1 研究内容

企业集团是各种资源的集合体，对矿建企业集团来说，能否合理、有效地整合资源，使集团内外部资源相互配合，发挥资源的整体效应，决定着企业集团的管理成效。在此需要根据矿建企业集团资源管理的特点，研究矿建企业集团资源协同管理的相关问题，设计完整的矿建企业集团资源协同体系，为矿建企业集团实现资源协同效应提供支持。围绕这一研究主题，本书进行了以下方面的研究：

1. 资源协同系统序参量及影响因子研究

从协同内容和协同层次两个维度对矿建企业集团资源协同体系结构进行分析，在此基础上基于支配原理和序参量原理对资源协同系统的序参量进行研究，确定"资源协同能力"为系统序参量；针对该序参量，采用问卷调查和项目分析的方法，构建资源协同能力影响因素量表；依据量表设计调查问卷，采用因子分析法提取资源协同能力影响因子，并对影响因子之间的关系进行分析，确定资源协同能力的提升路径。

2. 基于 PMO 的资源协同管理组织体系研究

对传统项目管理组织模式存在的问题进行分析，明确资源协同管理组织体系设计的目标，构建矿建企业集团资源协同管理组织体系，包括总体框架和组织结构设计，明确组织体系构建过程中的关键问题。本部分研究为资源协同管理奠定管理组织方面的基础。

3. 资源协同计划体系研究

站在矿建企业集团战略角度和全局层次，结合矿建行业资源管理的实际和特点，基于流程再造的思想设计矿建企业集团资金、设备、物资和人力资源协同计划体系。本部分研究为资源协同管理提供业务流程设计方面的基础和支持。

4. 基于项目优先级的资源优化配置体系研究

首先基于 BSC 概念模型，采用文献计量法构建多项目优先级评价指标体系，采用 FAHP 和熵权法集成的方法确定指标权重，采用 TOPSIS 法进行多项目优先级评价；然后结合矿建项目的工程特点，设计基于项目优先级的资金、设备、人力资源三种关键性资源优化配置模型及求解算法；最后构建基于超效率 DEA 的资源优化配置有效性评价指标体系和评价模型，建立资源优化配置的反馈机制。本部分研究为资源协同管理提供资源优化配置模型和方法方面的支撑。

5. 资源协同信息管理平台分析与设计

采用结构化开发方法对资源协同信息管理平台的数据流和主要功能进行设计，对资金管理、设备管理、物资管理和人力资源管理 4 个关键子系统进行管理业务流程分析和数据流程设计。本部分研究为资源协同管理提供信息平台概念模型方面的支撑。

1.3.2　研究范围

企业集团的资源协同可以分为成员企业内部的资源协同和成员企业之间、集团公司与成员企业之间的资源协同。成员企业内部的资源协同主要是成员企业对于自身所拥有资源的功能性协同；成员企业之间、集团公司与成员企业之间的资源协同则偏重于自身资源与其他企业资源之间的跨组织资源整合、配置和调度。另一方面，从资源协同的客体来讲，协同包括物资、设备、资金、人员、专利、品牌、营销渠道等不同类型资源的协同。在此，本书将着重研究资金、设备、物资和人力资源在矿建企业集团成员企业之间、集团公司与成员企业间的跨组织资源的协同问题，对其他范围的资源协同问题不做探讨。

1.4　研究方法和技术路线

1.4.1　研究方法

（1）文献研究法。收集国内外关于企业集团资源协同管理的相关文献和资料，对前人的研究成果进行梳理，基于协同学、系统工程学以及企业资源管理的相关理论和方法，研究矿建企业集团资源协同管理体系构建的相关问题。

（2）现场调研法。对部分矿建企业集团进行现场走访和实地调研，掌握矿建企业集团在资源协同管理方面的管理现状、存在问题和现实需求，为矿建企业集团资源协同管理相关问题的研究提供实践基础。

（3）模型分析法。在资源优化配置体系的研究中，采用模型法建立多项目优先级评价模型和多项目资源优化配置模型，为资源协同管理提供优化配置模型方面的支撑；在资源协同信息管理平台分析与设计中，采用模型法设计信息平台的概念模型。

（4）实证分析法。通过问卷调查和项目分析构建矿建企业集团资源协同能力影响因素量表；采用问卷调查和因子分析法提取资源协同能力影响因子。

1.4.2　技术路线

本书的研究遵循"提出问题→分析问题→解决问题"的整体研究思路。

从资源协同对企业集团效益最大化的意义以及多项目管理进度偏差原因分析入手，提出矿建企业集团资源协同管理这一课题，完成"问题的提出"。

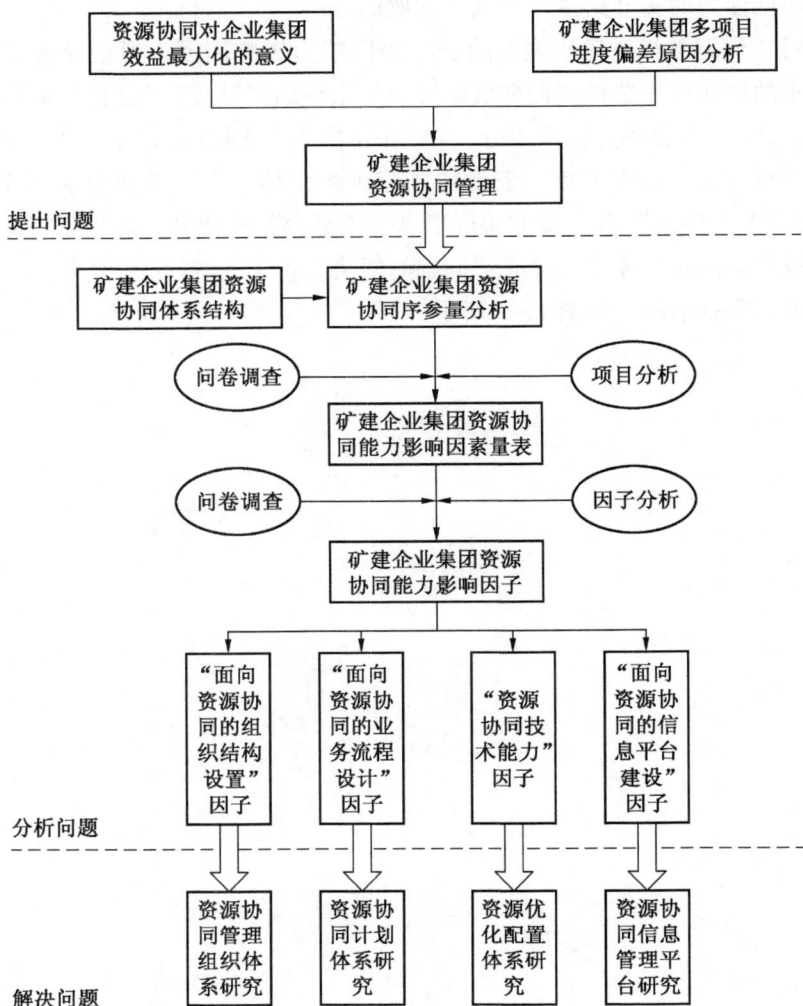

图 1-1　研究路线

从协同内容和协同层次两个维度分析矿建企业集团资源协同体系结构，在此基础上基于支配原理和序参量原理对资源协同系统序参量进行研究，确定"资源协同能力"为资源协同系统的序参量。采用问卷调查和项目分析的方法对资源协同能力影响因素进行研究，建立矿建企业集团资源协同能力影响因素量表。依据量表设计问卷进行调查，采用因子分析方法提取资源协同能力影响因子，确定资源协同能力的提升路径，完成"问题的分析"。

针对"问题分析"阶段确定的资源协同能力影响因子，考虑企业资源管理实践需求的迫切性，选择"面向资源协同的组织结构设置""面向资源协同的业务流程设计""资源协同技术能力"和"面向资源协同信息平台建设"这4个影响因子进行分析，对应进行"资源协同管理组织体系""资源协同计划体系""资源优化配置体系"和"资源协同信息管理平台"的研究，建立完整的矿建企业集团资源协同管理体系，完成"问题的解决"。

本书研究技术路线如图 1 - 1 所示。

2 国内外相关研究综述

2.1 企业协同管理研究

自 20 世纪 60 年代安索夫（Ansoff）提出企业发展中的协同概念以来，协同一直是公司在制定多元化战略、策划并购重组行动时所重点考虑的一个原则。安索夫在《公司战略》一书中提出，协同是指对各独立组成部分进行整合形成的企业群整性表现，可表示为"2 + 2 = 5"。

波特（Miehael Porter）在《竞争优势》一书，从价值链角度研究了协同效应问题，论述了协同作用的重要性，给"协同效应"赋予了"竞争性价值创造"的含义。伊丹广之在《启动隐形资产》一书中，将协同效应划分为"互补效应"和"协同效应"，并认为协同在某种程度上就是"搭便车"的行为，主要通过隐形资产来实现，由于隐性资产的不可复制性或低复制性，因此可以为公司建立持久的竞争优势。柴特基将并购协同效应分为合谋效应、经营效应和财务效应三类。卢巴金将协同效应分为技术效应、货币效应和多角化效应三类。罗伯特·卡普兰和戴维·诺顿从平衡计分卡中提出了财务协同的维度，并认为企业集团的收益来自两方面的协同效应：投资人的投资天赋和实施有效的治理体系。

应可福、薛恒新从协同学的角度对企业集团管理中的协同效应进行研究，认为协同效应包括组织协同、财务协同、资产协同、信息协同、管理协同、业务协同、技术协同等不同的效应，同时提出了集团协同效应的提升和实现途径。韵江等认为协同效应是企业集团的形成、发展、演变的原动力，企业集团的协同要在成员企业和集团总部多个层面实现价值创造。朱沁夫等对生产要素协同作用与企业效率两者的关系进行了研究，认为生产要素各自的贡献以及要素之间协同作用的贡献共同促进经济增长。顾保国对企业集团协同经济进行了研究，提出了企业集团的规模、范围和协同之间相互作用的经济模型。

根据协同论研究结果，协同作为一种企业资源管理的方式，主要通过对企业集团有形资源（包括对企业人力、资金、物力以及组织管理等方面）的共享和对企业无形资源（包括对企业品牌、企业形象、商誉及企业的商标权、专利权、特许经营权）的共享来创造价值。企业集团协同管理具有目标性、联系性和动态性的特征。

2.2 企业资源及能力理论研究

企业内部成长理论是企业资源理论和企业能力理论共同的研究起点，后两者是企业成长理论在资源观和能力观两个方向和维度上的发展及延伸。在此本书将对三种理论的发展历程进行综述，梳理它们之间的内在联系，为后续资源协同管理体系的研究奠定理论方面的基础。

2.2.1 企业内部成长理论

1925 年，阿尔弗雷德·马歇尔在《经济学原理》一书中首次提出了企业内部成长论。马歇尔认为由于专业化分工导致技能、知识和协调不断增加从而推动企业不断进化，同时他认为每个行业是由一系列异质企业组成的，单个企业的成长、衰落是必然的，但一个行业却可以经受长期的波动，呈现平稳发展的态势。艾迪斯·彭罗斯于 1959 年在《企业成长论》一书中提出了企业内在成长论，认为企业资源和能力是构成企业的基础。企业内部通过内部化的知识积累以拓展生产领域，这一行为节约了企业决策能力资源，也促成了解决新问题、促进企业成长的能量的产生。乔治·理查德森则站在企业与市场的协调制度视角，提出了组织经济活动的企业知识基础论，这是对企业成长论的进一步拓展和发展。1957 年，塞尔兹尼克在《行政管理中的领导行为》一书中提出一种"特殊的自我创造积累论"，认为企业应通过"自我构造""自我建立"从而积累得到"特殊能力"，该理论也被视为当代企业能力理论的先驱。

此后众多学者对企业能力不断进行深入的研究，研究成果推动了该理论的拓展和深化。其中比较有代表性的有：1982 年，纳尔逊和温特在《经济变迁中的演化理论》一书中基于企业能力理论从企业拥有的智力资本角度对企业进行分类。1984 年，沃纳菲尔特发表了《企业资源学说》，从此企业能力理论开始演化为两个相互独立又密切联系的流派，即资源基础论学派和能力学派。资源基础论学派以沃纳菲尔特发表《企业资源学说》为开始，之后历经罗曼尔特、里普曼、温特、巴尼、申德尔等人的不断发展，现已成为比较完整的理论体系；能力学派则延续能力理论，提出了核心能力和动态能力理论，能力学派以普拉哈拉德和哈默发表《企业核心能力》为起始，历经斯多克、伊万斯、舒尔曼、提斯等人的发展，也成为一个完整的理论体系。

2.2.2 企业资源理论

企业资源理论认为，企业是由一种资源的集合，企业的竞争优势很大程度上来源于其拥有或能支配的资源。资源是生产过程的投入要素，是企业管理和经济分析的基本单位，资源的形式是多样的，包括普遍性的同质性资源和差异性的异质性资源。资源的获得、积累需要消耗时间和成本，因此一些企业可以掌握其他企业无法拥有的特殊资源，这种资源的异质性很多时候决定了企业的一种长期竞争优势。有效的资源开发、积累、整合、配置是取得最佳绩效的必由之路。企业的成长资源竞争的过程，也是资源不断配置、积累和开发以适应外部竞争环境的过程。

在企业资源理论的观念中，每个组织都是独特的资源和能力的结合体，这一结合体形成了企业竞争战略的基础。相应的，企业战略管理的重点就落在了如何开发和发展企业的独有战略资源以及配置这些战略资源的独特能力，即核心能力。只有核心能力达到一定水平后，企业才能形成自己独特的、不易被模仿的战略资源，才能获得和保持持续的竞争优势。

企业资源理论也重视将公司的内部分析与竞争环境的外部分析结合在一起进行研究。企业资源理论认为，资源价值的评估不能仅局限在企业内部，而应将其放到企业的宏观行业环境中；通过一定的资源价值评估标准，衡量企业资源的总体状况；通过与竞争对手的比较来判断其优势和劣势，为制定和选择竞争战略提供可靠的基础和依据。

2.2.3 企业能力理论

企业能力理论强调以企业生产经营、经营能力和过程中的特有能力为出发点，来制定和实施企业竞争战略。该理论学派有两种代表性的观点：一是以普拉哈拉德和哈默为代表的"核心能力观"。二是以斯多克、伊万斯、舒尔曼为代表的"整体能力观"。普拉哈拉德和哈默认为核心能力是"组织中的积累性学识,特别是如何协调各种不同的生产技能和有机整合各种技术流"。因此这种"核心能力"是指蕴含于一个企业生产、经营环节之中的具有明显优势的个别技术和生产技能的组合;而后一种观点主要表现为组织成员的集体技能和知识以及员工相互交往的组织程序。两种"能力观"都强调企业内部行为和过程所体现的特有能力,但前者注重企业价值链中的个别优势,而后者则强调整体优势。

概括起来,企业能力理论的主要观点包括:①能力是企业拥有的关键技能和隐性知识,是企业拥有的一种智力资本;②能力决定企业的规模和边界,也决定了企业多元化战略的广度和深度;③竞争是基于能力的竞争,企业的战略目标应放在如何识别和开发竞争对手难以模仿的核心能力上;④企业能力最终决定企业的竞争优势和经营绩效。企业要想获得和保持竞争优势,就要在核心能力、核心产品和最终产品三个层面上参与竞争。其中核心能力是企业竞争优势的源泉,最终产品是核心能力的市场表现,核心产品是核心能力的物质载体,也是联结核心能力与最终产品的根本途径。

2.2.4 企业资源理论与企业能力理论的共同点

企业资源学派和企业能力学派源自一个理论基础,即早期的企业能力理论,从 20 世纪 80 年代中期开始,因为研究侧重点不同而逐渐分化。经过分析可以发现两个学派在以下方面存在共同点,是一致的。

(1)两者产生的理论基础相同,都是从企业能力理论演化而来。

(2)假设企业是异质的,两派都认为企业是资源和能力的集合体,由于每个企业拥有的资源和能力是不同的,因此企业与企业之间不相同;假设资源是不能完全流动的,有些资源不能通过市场交易获得,只能由企业自己开发和积累。

(3)都是从企业内部和内在发展出发来分析企业和市场。持续竞争优势是两派的共同研究主题。

(4)企业间存在效率差异,差异产生的原因在于企业所拥有的资源和组织能力在本质上存在差异。

(5)企业资源和组织的能力最终决定企业的边界。企业经营的纵深程度和横向多元化程度是由企业的能力和资源来决定的。

2.3 多项目资源协同管理研究

作为工程建设类行业，项目是矿建企业集团运作的基本组织单元，矿建企业集团的生产和经营主要也是围绕集团母公司和子公司所辖的多个项目的运作来完成的。从这一点上来说，矿建企业集团的资源协同问题，很大程度上可归结为集团内部多个项目之间的资源协同管理问题。鉴于此，本书将对多项目管理组织体系设计、多项目优先级评价、多项目资源优化配置和调度、多项目资源配置效率评价、多项目资源协同管理信息系统等问题的国内外研究文献和成果进行梳理和评析。

2.3.1 多项目管理内容体系方面

多项目管理是运用系统工程的理论和方法，根据企业的长期发展战略，以有效地分配资源、组合项目、协调企业职能部门之间的关系和项目之间的关系为目标，保证各项目顺利实施，并且使项目的目标与企业战略保持一致性。

多项目管理的概念可以从以下几个方面来理解：

（1）多项目管理的出发点是企业。多项目管理的一切管理活动都是以企业战略目标为中心的，需要保证企业内部的多个项目与企业的战略目标相连接。它考虑的不是某个或每个项目的盈利或成功，而是从整体上，以企业发展战略为最终权衡点，站在整个企业的高度来权衡一系列管理活动和决策。

（2）多项目管理的范畴不是单个项目，也不是某一个项目群，或是某几个项目组合，而是组织范畴内的全部的项目。

（3）多项目管理的目标是企业的发展战略、资源的优化配置和各种关系的协调。

（4）多项目管理是通过项目、项目群以及项目组合的成功实施来实现其管理目标的。

多项目管理是从整个组织角度出发，对组织中所有相关联的项目进行计划、组织、执行与控制的一种项目管理方式。业界普遍认为多项目管理主要由项目集（项目群）管理和项目组合管理两大方面组成。

1. 项目组合管理

项目组合管理是指企业为了实现特定的战略目标，对多个项目组合进行的集中管理，包括项目的筛选、排序、管理和控制等。项目组合管理的核心在于确定资源在项目和项目集中分配的优先顺序，保证项目组合管理目标与组织战略目标的协调。项目组合管理不是多个单项目管理的简单累加，它是项目和企业战略之间联系的纽带，突出的是项目实施和企业战略的一致。

项目组合管理强调在企业整体战略计划的指导下，通过项目识别、评价和筛选，将具有共同战略目标的多个项目进行打包和集成，以企业战略目标为指引，在多项目间优化配置企业内外部资源。从此种意义上讲，项目组合管理是综合考虑企业战略、资源和环境，优化配置企业资源、优化组合多个项目的一种项目管理思想。项目组合管理要求站在企业战略层面进行企业关键资源在多项目间的调度和分配，优化多项目进度计划，通过项目组合价值的最大化促成企业战略目标的实现。项目组合管理要求项目之间、职能部门之间、职能部门与项目之间信息的共享和及时的传递。信息的共享和传递是多项目间资源优化配置的基础，也是企业战略决策层面决策的依据。

2. 项目集管理

项目管理协会（PMI）把项目集定义为"经过协调管理以便获取单独管理这些项目时无法取得的收益和控制的一组相关联的项目"。项目集管理是指为实现项目集的战略目标和收益，对一个项目集采取的集中式协调管理，并使得成本、进度与工作可以被优化或集成。项目集中的项目通过产生共同的结果或整体能力而相互联系在一起。

无论是项目组合管理，还是项目集管理，都要做好项目间关系的协调、资源的优化配置等。因此，在本书提及的矿建企业集团资源协同管理中，主要是针对项目组合管理和项目集管理的共性问题，如资源优化配置、面向资源协同的组织机构设置、业务流程重组、信息平台建设等重点问题进行研究。

针对项目组合管理和项目集管理这两个方面的相关问题，国内外的学者都做了大量的研究，涌现了很多研究成果。

1）国外相关研究

（1）项目组合管理方面。

Scott Fricke 分析和研究了项目组合管理的关键要素，认为项目组合管理的精髓在于以企业整体利益最大和战略目标的实现为目标，研究如何将企业内外部有限资源在多个项目之间进行优化配置，平衡多项目利益，提高资源的整体利用效率。Suvi Elonen 研究了项目组合管理的约束问题，指出管理组织、职能部门与项目部责任体系的界定、项目之间信息的共享和传递、多项目可共享的资源和技术是项目组合管理面临的主要约束。

（2）项目组合选择方面。

在项目组合选择方法方面，Pin–Yu Veronica Chu 采用了计算机算法、Chin-ho Lin 利用了数学规划模型，但由于模型过于复杂，数据难以获取，实际可操行不大。另外，用于项目组合平衡的方法主要有气泡图法、项目组合矩阵等方法。

（3）项目集管理方面。

Mark Lycett 指出项目集是对项目以协调方式进行集中的管理，通过对项目的成本、进度等控制工作进行组织，以获得比单个项目管理更大的整体利益。Michel Thiry 等研究了项目集管理的生命周期问题，包括项目集的识别、计划、实施等，指出应根据项目集所处的生命周期的不同阶段而采取不同的管理方法。Gray、Pellegrinelli、Bamfor 等研究了项目集的分类问题，提出了项目规模、项目数量、项目关联紧密程度、项目集的结构、项目集的目标、项目集的战略等不同的分类标准。

（4）其他方面。

Serghei Floricel 等人首先指出了基于动态环境的项目管理决策的必要性，并通过分析项目管理者在不同动态环境下的战略战术，利用大量的实证分析，验证了他们提出的动态环境下的项目管理概念的合理性。

2. 国内相关研究

与国外研究类似，国内关于多项目管理的研究也集中上述几个方面。如白思俊将多项目管理分为项目成组管理和项目组合管理两类。蒋景楠等分析了多项目与单项目管理的区别，分析了多项目管理中需要注意的问题。杨雪松等分析了传统项目管理存在的问题，提出了五步骤法，将关键链管理中的关键链调度、同步机制、缓冲机制等应用于多项目管理，建立了基于关键链的多项目管理方法（CCMPM）。祁神军针对工程建设企业分析了进行多项目管理体制创新的必要性，提出了多级的建设企业集团多项目管控模式，并从组织结构设置和管理职责定位两方面论述了管控模式实施的关键问题。向华分析了应用多项目管理思想进行项目实施的优点，研究了多项目管理组织构建以及规划、沟通、冲突消除和管理的方法。

2.3.2 多项目管理组织体系设计方面

科学合理的组织结构设计是解决资源协同问题的重要基础。在此本书将对企业集团多项目管理组织体系设计方面的国内外研究成果进行梳理和总结，为面向资源协同的组织结构体系设计奠定理论和应用方面的支撑和基础。

1. 国外相关研究

1）组织结构优化方面

Tyson R. Browning 认为设计结构矩阵为复杂系统研究提供了一种简便且可视的描述。Suvi Elonen、Karlos A. Artto 对多项目环境下企业组织管理中存在的问题及成因进行了分析，但并未提出解决的途径和策略。Van Der Merwe AP 对多项目管理的组织结构、项目优先权排序等问题进行了研究，提出了多项目管理组织结构设计的原则和组织管理效率评价的标准。Christine Xiaoyi Dai 等人提出通过建立项目管理办公室促进多项目管理和控制，提高组织领导力和组织协调力。

2）虚拟组织理论的应用方面

Anderew MAY 等通过研究得出结论：虚拟团队相对于传统团队而言，团队效能和效率更高，但满意度水平更低。Krejci、Gerhard P 等人把虚拟项目团队成员的沟通理解为一种需要事先计划的战略活动。

2. 国内相关研究

1）组织结构优化方面

邢以群等分析了多项目经营管理中的项目协调和部门协作问题，指出了矩阵式组织结构模式存在的缺陷，提出了一种流程导向型组织模式并论述了该组织模式的可行性和先进性。孙莉芬等对传统项目组织结构特点进行了分析，对比了三种组织结构形式的优缺点，论述了多项目管理对组织结构的要求（包括项目间的平衡、项目部门与职能部门关系的协调、多头领导问题的解决以及组织结构扁平化等），最后设计了以流程为中心的企业多项目管理组织结构。蒋先旺针对多项目协调问题的需求，提出了在矩阵结构基础上改进的三级项目办公室结构方案，通过战略办公室、综合协调办公室和项目办公室的合理设置，强化了项目管理和项目间的综合协调。李希胜等在研究多项目管理及传统项目组织结构的基础上，提出了基于 MPOP（Multi - project organization pattern）流程导向型的新型多项目组织管理结构模型和实施模型。王祖和等分析了传统的职能式组织结构、项目式组织结构和矩阵式组织结构等组织结构形式的不足，在矩阵式组织结构的基础上构建了基于 PMO 的企业项目管理组织结构模式。

2）组织中的博弈分析方面

毛辛培针对职能经理与项目经理目标不一致的问题建立了博弈模型，分析了职能经理和项目经理在基于企业员工培养，为各自利益选择各自行为方面的博弈，分析了两者在进行各自行为选择时的概率，最终确定了利益分配的最优比例，以缓解两者之间在利益和资源上的冲突。王长峰等运用博弈论的思想，对当前研发企业矩阵式管理中职能经理和项目经理的权益进行了深入分析，结合如何走出"囚徒困境"，提出了职能经理和项目经理间的博弈关系、博弈方式，并建立了博弈模型。

综合来看，基于早期经典的组织理论和多项目管理基础理论，国内外很多学者专家从多个方面和角度对多项目管理的组织结构设计问题做了不少创新研究，这些研究成果为矿井建设领域的多项目管理组织结构问题的研究提供了理论基础和实践支撑（部分行业）。

2.3.3 多项目优先级评价方面

矿建企业集团资源的有限性和项目所需资源的相似性容易使多项目之间发生资源冲突，因此有必要对多项目的优先级进行排序，优先满足优先级高的项目的资源需求。

1. 国外相关研究

1）基础性和概念性研究方面

Thamhain 和 Wilemon 研究了项目管理中最主要的 7 种冲突来源及其排序。Zohar Laslo 的研究表明企业多项目优先级评价制度是否合理和科学直接影响多项目实施中资源冲突发生的概率。Mats Engwall 等认为多项目资源分配不仅要考虑项目计划和进度，还需在多项目管理组织、制度设置等方面进行完善。Abdullah 等研究了多项目管理实施的概念模型，提出应综合考虑工期、费用、资源、质量、安全等因素来对项目进行优先级排序，为资源的配置和调度提供参考。Bernard Aritua 等将复杂性理论应用于工程企业多项目管理环境分析，指出多项目管理并非单项目管理的简单累加，它是一个复杂自适应系统，并从自组织理论角度提出了多项目之间协同的基本框架。

2）评价指标体系、方法模型方面

Nick G. Blismas 等从外部环境、客户、项目实施、业主方干预等方面研究了多项目环境下影响工程项目交付的因素，同时构建了基于以上影响因素的多项目优先级评价指标体系。Eddie W. L. Cheng 等构建了多属性决策指标体系，涉及内部流程、管理能力、财务、技术能力、法律和内外部环境 6 个维度，同时给出了多项目优先级排序的 ANP 模型。William R. B 从合理性、吸引性、外部反馈、竞争性等方面优选了 R&D 项目优先级评价的 KPI 指标，设计了优先级评价的模型。

2. 国内相关研究

1）基础性和概念性研究方面

马宏伟等的研究指出，由项目管理办公室进行多项目优先级计划和资源分配计划制定，采用"异常情况"策略确定优先级别评价的时机。邓利辉认为应从企业发展战略、项目可得收益、企业技术能力和企业可供应资源四方面对多项目优先级进行评价。

2）评价指标体系、方法模型方面

徐洪明设计了建筑企业多项目优先级评价指标体系、指标权重，给出了基于 Vague 集的评价模型。谭云涛等研究了项目机会优先排序问题，建立了二维平面战略重要性九方格，依据项目利益与所需资源质量选择优势项目，为企业多项目优先排序问题提出了新的定量方法。单泊源等从项目战略和项目运营两个层面分别构建了优先级评价指标体系，运用加速遗传算法 RAGA 改进 AHP 模型进行多项目优先级评定。李元元等采用熵权系数对优劣解距离法进行改进，建立了多项目优先级评价模型，提高了评价方法中权重的客观性。程启月等研究了指标权重确定的结构熵权法，该方法为确定测评指标体系的权重提供了一种新的途径。林晶晶等分析了在多项目和单项目管理中应用关键链时，在识别、利用、服从、提升等多环节的区别，给出了多项目环境下基于工序优先级的关键链方法。曾玉成等通过实地调查和收集数据，构建了基于战略的多项目资源配置优先级评价指标体系，建立了"STL－AHP"优先级评定方法。杨立志提出了指标权重确定的熵权法及多项目优先级评价的 PROMETHEE Ⅱ 法，为多项目优先级评价提供了一种新的方法。

综合起来，上述对多项目优先级评价的研究主要集中在两大领域：第一类领域侧重对优先级评价指标体系的研究，包括指标体系构建的概念模型、筛选过程、指标递阶结构的确定以及各层级指标权重的确定等；第二类领域侧重对评价方法和模型的研究，包括定性评价方法、定量评价方法以及多种评价方法的集成应用等。

　　综上所述，目前针对矿建工程项目的优先级评价研究相对较少，与非工程类项目或一般建筑工程项目相比，矿建企业工程项目具有规模大、工期长、技术复杂、资源需求种类多、涉及利益相关者多等特点，需要研究更加系统、科学的评价体系来解决矿建企业多项目优先级评价问题。

2.3.4　多项目资源优化配置方面

　　资源的优化配置和调度是资源协同的核心内容之一，而科学、合理的资源优化配置模型及算法则是资源协同的重要技术基础。

　　1. 国外研究现状

　　1）基础性和概念性研究方面

　　Mats Engwalla 强调能否在多项目间优化配置组织内外部有限资源，是多项目管理中需要重点关注的问题。Suvi Elonen 和 Karlos A. Artto 通过问卷对多项目管理中存在的具体问题进行调查，调查结果表明在所有影响因素中，从重要程度角度看，"资源短缺与不合理的配置"这一因素居于首位。

　　2）资源配置方法和模型方面

　　Soo Young Kim 等建立了以多项目延期惩罚最小和提前完工获得的奖励最大为目标函数的"动态多项目资源优化配置模型"，实现了资源有限条件下多项目进度计划的动态优化。Fatemi Ghomi 基于排队论解决多项目的资源分配问题，采用 GPSS 仿真语言建立仿真模型。S. M. T Fatemi Ghomi 为处理由资源有限导致的多项目资源分配冲突和矛盾问题，构建了多项目管理资源分配的数学模型，给出了相应的解决方案。

　　2. 国内研究现状

　　国内有关多项目资源优化配置的研究主要集中于配置模型的建立和求解算法研究方面。

　　谈烨研究了多种资源在多项目之间的最优分配问题，提出采用两层决策方法，以多项目工期超期之和最小为目标函数，同时将遗传算法运用到最优解的搜索中，给出了具体的算法步骤。李敬花针建立了以单位时间内所有项目的总资源消耗方差最小为目标的优化模型，基于遗传蚁群融合方法给出了模型求解算法。寿涌毅针对多项目管理的资源约束问题，采用拉格朗日分解方法将资源配置问题转换为独立的最大流，以此解决多项目管理资源配置的冲突问题。陈宁等给出了多项目管理资源配置的机理和假定，确定了多项目配置时的资源等效效率和效率转换系数，建立了资源配置效率模型。黄小荣等对动态多项目资源配置问题进行研究，提出了基于排队论的动态多项目资源配置模型，给出了基于自适应遗传算法的求解算法。

综上所述，已有的研究成果多是立足多项目环境下对资源的竞争性这一视角开展的研究，而站在企业集团战略层面，综合考虑资源的排他性、共享性和协同性来研究资源优化配置问题的研究成果则较少。

2.3.5 多项目资源配置效率评价方面

资源配置效率评价是资源优化配置问题的反馈机制，它为优化配置模型的改进和完善提供参考和依据。接下来本书将对有关多项目资源优化配置效率评价方面的研究现状进行述评。

1. 国外研究现状

Messina 和 Sciomachen 将 "Invariant – Based Algorithm" 模型与 "Petri – Net" 模型进行综合和集成，研究工件加工的资源配置效率评价问题，保证资源更好的分配到工件加工工序中。Hendriks 等提出了基于资源能力的多项目资源配置模式，并采用 PDCA 循环法构建了长期、中期、短期的资源配置模型。

2. 国内研究现状

邓肖夫等从人员、物资、设备、信息和环境维度定义项目资源概念，建立了泛化资源多项目配置合理性评价指标体系，构建了工程施工企业多项目资源配置模糊综合评价模型。黄玉坤等分析了建设项目资源配置的特点，建立了资源配置效率评价指标体系，应用模糊数学综合评价法对工程项目施工的资源配置进行了评价。黄小荣等将 DEA 和 GRA 集成进行多项目资源配置评价。采用 DEA 方法对多项目资源配置有效性进行评价；通过 GRA 方法确定各类资源对其配置效率的关联度，为下一阶段改进资源配置方案提供参照。陈宁等应用随机理论确定了多项目资源配置中的资源等效效率概念和效率转换系数概念，建立了资源配置效率模型并给出了相应的算法。

综上所述，国内外学者提出了若干多项目资源配置效率定量评价方法，方法模型和适用条件各不相同，但评价指标是其研究的共性的、核心的内容。在此，前人有关评价指标的研究成果为资源配置效率评价问题的解决提供了指标基础。

2.3.6 企业集团多项目管理信息系统方面

多项目管理的各个环节涉及大量数据的采集、传递、处理和展示，前期已有很多学者研究和探讨利用计算机和网络技术构建多项目管理信息系统，为管理决策提供支持。在实践应用领域，也涌现了很多的产品化的项目管理软件。在此本书将对多项目管理信息系统理论界和产业界的成果和产品进行总结和分析。

1. 多项目管理信息系统研究现状

林丽对置业公司的多项目管理信息系统进行了研究，采用 LINUX + PHP + MYSQL + APACHE 的技术方案，进行了系统分析（包括可行性分析、需求分析等）、系统设计（包括概要设计、数据库设计、详细设计等），最后进行了系统的开发和部署。石永东研究了如何通过计算机网络实现对异地分布的多个项目进行计划、组织、协调、控制，提出了多项目异地协同管理系统的开发原则、开发方式和技术平台，并进行了系统的分析、设计和开发。龚国平对建筑业企业项目集成管理系统进行了研究，提出该系统的体系结构模型，对系统功能需求、企业的业务流程进行了分析，提出系统功能集成模型。

2. 多项目管理信息系统研发及应用现状

1）使用商品化的项目管理软件

项目管理类软件厂商主要是一些专业的软件公司，国外以 P3 和 MS Project 为代表，国内以梦龙科技、邦永科技、易建科技等民营软件公司为代表。这些软件包含的共性模块有：进度计划管理功能、资源管理功能、费用管理功能、报告生成与输出功能、辅助功能等。随着软件厂商对项目管理认识的不断深入以及客户的反馈和需求，软件的功能和模块也在不断扩展和深化，同时支持用户的二次开发，从而增加了软件的灵活性、适用性。

2）定制化开发

此类软件的开发者主要是一些科研院所，产品主要集中在单个项目的信息化上，较少涉及多个项目的协同管理。

以上两种思路有它们共同的局限性，即主要适用于单项目管理。即使增加了多项目管理的功能，也仅仅是通过加入虚工序变多个项目为单个项目管理，这种转化并不能从根本上解决问题。因此如何站在企业战略和全局角度对多项目资源进行优化配置和调度，对于多项目管理信息系统的发展来说是一个值得研究的问题。

3 资源协同系统序参量及影响因子研究

3.1 资源协同二维体系结构分析

企业集团资源协同是一个复杂系统，它所包含的元素和内容众多，为了对其进行清晰的刻画和描述，应将其放到一定的企业建模体系结构中进行分析。在此本书将企业集团资源协同系统解释为一种二维平面体系结构，该结构包含协同内容维度和协同层次维度，如图 3－1 所示。

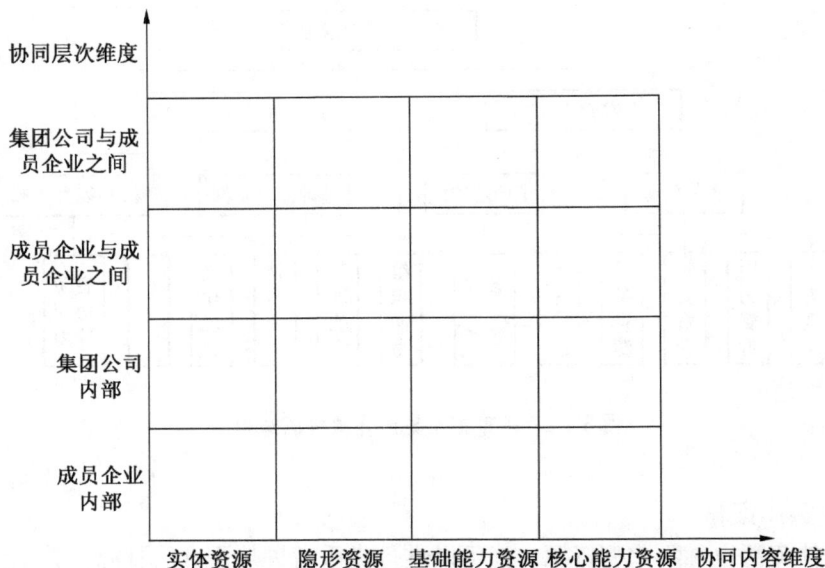

图 3－1　矿建企业集团资源协同体系结构图

3.1.1 资源协同内容维度

企业集团资源是所有能够为企业集团所控制和影响，并可用来创造企业集团价值和提升企业集团竞争力的内外部资源以及能力要素的统称。由于企业集团资源与企业集团能力紧密依附且边界模糊，将两者完全分开是不现实的。企业集团能力包含在企业集团资源的外延之中，企业集团能力是企业集团中多种资源要素及其关系融合在一起形成的资源形式。

本书把矿建企业集团资源分为两个层次、四种类型：第一层次中，将资源划分为资产类和能力类两种；第二层次中，资产类划分为实体资源和隐形资源，能力类划分为基础能力资源和核心能力资源。从物质形态角度看，实体资源具有物理形态，隐形资源、基础能力资源和核心能力资源都没有物理形态。核心能力资源处于企业非物理形态资源的最高层次，管理协调集团中其他各种资源的运作。从获取难易程度、重要性和价值性上讲，从实体资源至核心能力资源依次增加，如图 3-2 所示。

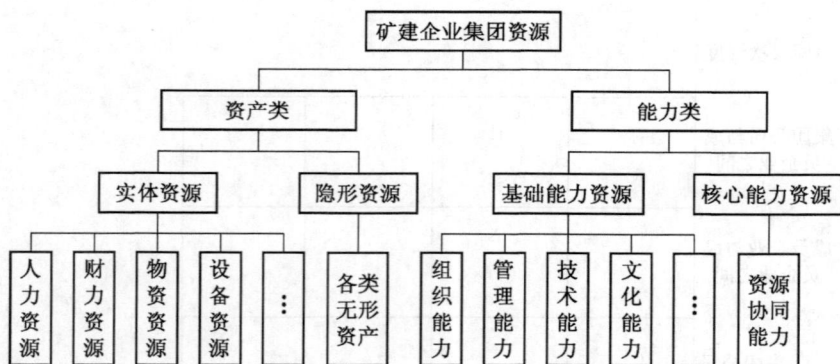

图 3-2 矿建企业集团资源组成结构图

1. 实体资源

实体资源也称物化型资源，指可以进行货币衡量与评价的资源，其主要包括各类实体资产，如资金、存货、土地、厂房、物资、设备、人员等。实体资源具有以下特征：

（1）交易性和弱累积性：企业集团可以通过市场交易获得这些资源，一般不需要长期的积累过程；

（2）排他性：该类资源一旦被某一成员企业占有则其他成员企业就不能同时获得；

（3）作为投入要素具有"边际收益递减"的特征。

实体资源的属性决定了其管理的重点是对其进行优化分配管理，即将有限的资源分配到最有效益的价值创造活动中。随着信息经济和知识经济时代的来临，实体资源在企业发展中的重要性和贡献有所下降，但物化型资源仍是保证企业正常运作的基本条件。

2. 隐形资源

隐形资源又可称为知识型资源，是指附着在员工或组织上的人格化的资源，是以员工与组织为载体的一种智力型资源，这类资源更加展现出矿建企业集团能力的特征。主要包括企业信誉、商标、市场形象、顾客满意、知识产权等资源。隐形资源有以下几个特性：

（1）共享性：对隐形资源的管理重在"用足"，强化对其共享性的挖掘和管理。

（2）隐形资源是以人为载体，对人有着极强的依赖性。

（3）具有明显的自组织性特征，隐形资源的价值创造力随着利用频率的增加而提高，知识资源的产生过程是一种自增强效应。

3. 基础能力资源

能力是矿建企业集团开发、协调各类资源以创造价值的一种才能。能力是对资源组合的一种配置和协调，它充分挖掘隐形资源的价值。从市场交易的难易程度看，能力属于无形资产范畴，经验积累首先创造出市场价值，经过日积月累市场价值形成企业集团的无形资产，能力则是无形资产的源泉。本书将矿建企业集团基础能力资源划分为管理能力资源、技术能力资源、组织能力资源和文化能力资源。

4. 核心能力资源

所谓核心能力资源，是指一个企业集团能力中最核心的部分，即能为企业集团在市场竞争中创造持久竞争优势，并使企业集团持续获得超额利润的能力。核心能力理论认为，积累、保持和运用核心能力是企业集团开拓市场的决定性因素，其核心能力的不同造成了企业间的效率差异。矿建企业集团的核心能力应被视为集团持久的特殊本质，竞争成功既不是产品与战略的结果，也不是集团资源利用的结果，它是某种深层次的、能促使矿建企业集团提供让业主、政府、社会满意的工程和服务的智力资本的结果。在矿建企业集团取得和维持竞争优势的过程中，集团内部能力的培养和各种能力的综合运用是最为关键的因素。因此，在矿建企业集团创造和维持竞争优势过程中，集团核心能力的培育和综合运用是最关键性的因素。

矿建企业集团运用其核心能力资源往往可以产生以点带面、以小搏大的杠杆效应。杠杆效应包括放大效应、渗透效应和连带效应三种情形。核心能力资源位于矿建企业集团资源结构最高层，发挥协调整合其他资源的作用；同时其作用的发挥与组织结构密切相关。核心能力资源是对基本能力资源的协调和集成，与更为专业化的基本能力相比，核心能力更具全局性和隐含性。

通过上述对矿建企业集团各类资源的含义和特征的分析可知，实体资源不依附于人而存在，属于"受动型"资源；而隐形资源和能力资源需要依附于人（个人或团体）而存在，具有人力依附性，属于"使动型"资源。一般来讲，受动型资源是资源组合的对象，隐形资源的使动作用是资源组合的基础，基础能力资源的使动作用是资源组合的纽带，核心能力资源的使动作用是资源组合的动力源泉。

由上述分析可知，矿建企业集团的各种能力资源以及实体资源中的隐形资源，其载体是"人"，这些资源对人有着极强的依赖性，并且随着该资源的不可编译程度的提高，对人的依赖性就会相应的得到增强。鉴于此，就矿建企业集团资源协同的"内容"来讲，本书将把"物质资源"（包括物资和设备）、"财力资源"（主要是资金）和"人力资源"作为对象进行研究。

3.1.2 资源协同层次维度

一般来讲矿建企业集团资源协同的范围可分四个层次，分别是集团公司（母公司）与成员企业（子公司）之间的资源协同、成员企业与成员企业之间的资源协同、成员企业内部各职能部之间的资源协同、集团公司内部各职能部之间的资源协同。在此需要指出，本书的研究限于集团公司与成员企业、成员企业之间的资源协同问题，对其他层级的协同问题不做涉及。

1. 集团公司与成员企业间的资源协同

矿建企业集团是作为一个整体组织而存在的，集团有共同的利益追求和共同的战略目标。为了实现共同目标，客观上要求各成员企业在生产经营活动中进行资源协同管理，发挥集团优势，实现集团资源协同的聚合效应、激励效率、优化配置和管理效率。

一般来讲，矿建企业集团公司与成员企业间的资源协同主要包括财务协同、设备协同、物资协同、计划协同、信息协同、人力资源协同、知识协同等内容。

2. 成员企业与成员企业间的资源协同

一般来说成员企业间的资源协同主要包括市场开发协同、客户服务协同、技术研发协同、生产协同、人员协同、采购（租赁）协同、知识协同等。具体到矿建企业集团，成员企业与成员企业间的资源协同主要包括以下方面：

（1）产权协同：产权是企业集团形成和持续的最主要纽带之一。集团公司与成员企业之间的产权关系无形中把各个成员企业连成了一个利益共享、风险同担的网络和结合体。集团公司的总体规划应考虑成员企业的实际情况采取，自下而上的形成战略性决策，成员企业也应以集团的总体目标为指引，在制定自身企业发展规划时予以考虑和贯彻。

（2）生产协同：矿建企业集团的成员企业往往是以某项矿建工程的不同单位工程或工序为经营方向的，因此成员企业之间就会形成一套分工协作体系，相互促进，相互支持。

（3）技术研发协同：单一成员企业开展技术研发，其财力、人力和技术力量往往难以支撑和满足，而以集团为单位集中各种资源和力量进行研发，效果和效益会更有保障。

（4）采购（租赁）流程协同：当有几个成员企业需求同质的物资或设备时，则可以通过集团集中招标来优化供应商选择，增强议价能力，控制采购或租赁的成本。

3.2　资源协同系统序参量分析

3.2.1　序参量分析的理论基础

协同学是20世纪60年代初联邦德国理论物理学家哈肯创立的。协同论研究系统各要素之间的动态作用，强调要素之间的相互联系所带来的非线性效应，反映系统的动态发展规律。

1. 协同学的基本概念

（1）相变：把构成系统的各个子系统之间所具有的不同聚集状态之间的转变，称之为相变。

（2）序参量：标志系统相变出现的参量就是序参量，它表示系统的有序结构和类型，是各个子系统协同运动程度的集中体现。

（3）涨落：在一个复杂系统中总是存在各个子系统的独立运动和子系统之间的耦合，同时系统环境条件也在随机波动，我们把经常会偏离它的平均值而出现的起伏现象称之为涨落。

2. 协同学的基本原理

1）不稳定性原理

系统的各种有序演化现象都与不稳定性有关，在旧结构的瓦解和新结构的产生过程中，不稳定性在系统新旧结构演替中充当了媒介。

2）支配原理

支配原理认为有序结构是由少数几个缓慢增加的不稳态模或变量决定的，所有子系统都受不稳态模的支配，可通过观察这几个慢变量来对系统的演化做出描述。

3）序参量原理

序参量是一个宏观参量，是子系统集体运动的产物，是合作效应的表征和度量，支配子系统的行为，主宰系统整体演化过程。

在协同学的三个基本原理中，存在着密切的内在联系。当系统的控制参量适当改变时，系统可能成为线性不稳定，有关变量可以划分为稳定和不稳定两种，应用支配原理，可以消去快变量，在不稳定点上，序参量支配系统行为，使系统发生结构演化。

3.2.2 资源协同系统序参量分析

协同学理论告诉我们，子系统在运动中有许多控制参量，分为"快变量"和"慢变量"，而"慢变量"——序参量是处于主导地位的。随着控制参量的不断变化，当控制参量达到"阈值"时，子系统之间的关联起主导作用，在系统中出现了由关联所决定的子系统之间的协同作用，出现了宏观的结构或类型。通过序参量概念，可以在面对一个复杂系统时抓住主要矛盾和关键，抓住序参量就把握了系统演化的本质、主流和主要矛盾。序参量是现实存在的，它是系统参量中的一员，只不过在外部因素作用下，从与其他参量的平等竞争中，取得了支配其他参量的地位。

在企业集团资源系统的各子系统和要素中，实体资源属于"受动型"资源，隐形资源、基础能力资源和核心能力资源依附于"人"（或团体、组织），属于"使动型"资源。具体来说，在"受动型"资源组合的过程中，隐形资源的使动作用是资源组合的基础；基础能力资源的使动作用是资源组合的纽带；核心能力资源的使动作用是资源组合的灵魂，为资源组合和最终的协同确定目标和方向。

实体资源、隐形型资源和基础能力资源只是为协同提供了基础和条件，真正把各种资源运用于企业生产和经营，实现低成本、高效率发展还要依赖核心能力资源的使动作用，必须通过核心能力资源的协调和整合，实现各类资源的积累、转移、更新和协同。因此，如果将实体资源、隐形资源和基础能力资源比做"原材料"，那么核心能力资源就是将这些"原材料"进行结构组合、功能组合，最终转化为产品（企业资源协同）的"设备"。

企业集团资源协同能力是企业集团在特定经营环境中的资源和运行机制的有机融合，是不同生产系统、技术系统、管理系统及交易系统的有机组合体，是识别和提供竞争优势的才能和知识体系。资源协同能力是企业集团基础能力资源的组合，具有异质性、不可编译性、不可交换性、难模仿性和动态学习性。它是在企业集团内部各基础能力资源协同互动的基础上产生和发展的。

鉴于此，从协同学的角度分析，本书认为资源协同能力是核心能力资源，是在多种基础能力资源之上协同生成的，是慢变量，对矿建企业集团中的其他基础能力起支配作用，它在系统的演化过程中决定着新结构的生成。因此，资源协同能力是矿建企业集团资源协同这一复杂系统的序参量。

3.2.3 资源协同能力特性分析

任何一个企业集团都是由各种基础能力所构成，这些基础能力之间存在着密切的联系。资源协同能力被认为是企业集团的一种专用性资产，它是关于企业集团内部共有资源得以优化配置的知识形式，这种知识形式对外难以获得又难以模仿。资源协同能力的专用性和不可还原性决定了其对企业集团人力资源有着高度的依赖性，因为企业集团的员工部分地充当了资源协同能力的载体，然而资源协同能力又并非存在于企业集团内部的个人和成员企业中，而是通过企业集团的内部组织环境体现出来的。

综合起来讲，企业集团资源协同能力主要体现在：资源协同能力是一个企业集团拥有的关键技能和隐性知识，是这个企业集团拥有的重要稀缺资源或资产。资源协同能力很大程度上决定了企业集团的规模、边界和范围，也就相应的决定了企业集团的竞争优势和市场地位。企业集团资源协同能力具有动态的非均衡性，随着企业集团内外部环境的变化，资源协同能力也必须持续不断地积累、培养、更新和运用。

为了全面理解资源协同能力的内涵，必须把握资源协同能力的以下特征：①资源协同能力是异质的，企业集团拥有不同的资源协同能力，它们优化配置资源的方式和手段也不同，从而导致不同的企业具有不同的绩效；②资源协同能力难以模仿，这源于知识资源的隐含性和不可编译性，企业集团可以采取合法的手段来保护其知识产权、专有技术等有价值的知识资源和无形资产；③资源协同能力是建立在一定的资源基础上的，资源协同能力本身并没有生产能力，它的效用是通过对各种资源和基础能力资源的使动而取得的。企业集团资源协同能力不只是其内部资源的组合或聚集，更是企业集团中的员工与员工之间，部门与部门之间，企业与企业之间相互协同的复杂模式。

从协同学的角度来看，资源协同能力作为矿建企业集团资源协同系统的序参量，具有以下序参量特型：

（1）资源协同能力的形成不是集团内部各基础能力资源子系统简单加和的结果，而是它们通过自组织过程协同形成的，它们之间不是简单的物理作用，而是一种更为复杂的"化学反应"。

（2）在矿建企业集团核心能力形成之前，各基础能力资源不能很好地协作，有时某些基础能力资源具有临时性的、局部性的优势，但也无法长期维持。只有技术、文化、管理、组织等都达到可能发生协作关系的临界状态时，集团各成员企业子系统才会形成合作关系与协同管理，此时序参量才会出现，在集团内部形成资源协同能力。

（3）在资源协同能力形成以后，它将直接影响矿建企业集团组织变革、技术进步、文化发展的方向，同时各基本能力资源的变化也将反作用于核心能力资源，促使其更高阶段的发展和演化。

3.3 资源协同能力影响因子研究

通过上文分析，确定了资源协同能力为矿建企业集团资源协同这一复杂系统的序参量。接下来本书将对资源协同能力的影响因子进行研究，以明确资源协同能力形成和提升的机理。本部分将首先构建矿建企业集团资源协同能力影响因素量表，依据此量表设计问卷进行调查，采用因子分析法提取矿建企业集团资源协同能力影响因子，确定资源协同能力提升的路径。

3.3.1 资源协同能力影响因素量表构建

1. 量表构建整体思路

本书通过文献研究和半开放式问卷调查两条途径进行指标的初步获取，依据这些指标设计问卷进行调查，根据问卷数据进行指标项目分析，形成矿建企业集团资源协同能力影响因素量表。

2. 指标获取

1）文献研究获取指标

在中国知网检索关于"协同影响因素"的中外文文献，检索到2006—2015年共14篇文献，涉及供应链协同、研发协同激励协同、组织协同等多个领域，未见针对"资源协同影响因素"的研究。

现有文献中比较有代表性的有：凌鸿从组织、环境、技术三大维度，分析了对供应链协同有关键影响的因素，筛选了12个影响因素指标；郑刚从战略、技术、组织、文化、制度、市场等方面提出了企业全面协同的20个影响因素。陈志军等以企业集团研发协同为研究对象，将企业集团研发协同分为母子公司研发协同、子公司间研发协同和公司内部研发协同三个维度，构建研发协同影响因素。王宛秋等在案例研究、文献整理和专家征询的基础上，提出了13个技术并购的协同影响因素。参考上述文献设计的协同影响因素指标，结合矿建企业集团的特点，本书初步筛选了11个影响因素指标。

2）半开放式问卷调查获取指标

半开放式问卷共分为两部分。第一部分是请受访者根据自己的知识积累或实践经验，填写他们认为对矿建企业集团资源协同能力有影响的因素指标。第二部分是为受访者提供通过文献检索筛选出来的影响指标，请受访者对这些指标作为资源协同影响因素的适切性程度进行判断。半开放式问卷格式详见附录 A。

半开放式问卷的发放对象为笔者所在学院企业管理方向的教师和博士研究生，共发放问卷 65 份，回收有效问卷 58 份。经过半开放式问卷调查，将受访者在问卷的第一部分提出的指标与问卷第二部分中的已有指标进行对比，不重复的、具有代表性的指标被充实到第二部分当中。同时，对第二部分中受访者提出异议的指标进行修改。经过充实和调整形成封闭式预试问卷。预试问卷共包含 18 个测试项目，将预试问卷进行发放，问卷数据将作为项目分析的依据。预试问卷格式详见附录 B。

预试问卷发放对象为作者所在学院企业管理方向的教师、博士研究生、MBA 学员以及 5 家矿建企业（中煤第三建设集团、中煤第五建设集团、山西潞安工程有限公司、兖矿集团东华建设有限公司和平煤神马建工集团）的中层（含部分高层）管理人员。共发放问卷 240 份，收回有效问卷 223 份，有效回收率 93%。回收的有效问卷中，来自教师的有 32 份，来自博士研究生的有 35 份，来自矿建企业管理人员的有 68 份，其余 88 份来自 MBA 学员。

3. 项目分析

项目分析主要以量表的每一个题项为对象，逐项分析其可用程度。本书采用决断值比较与同质性检验的方法分析各题项。

1）独立样本 T 检验

独立样本 T 检验主要目的是为了检验量表各题项的适切或者可靠程度。独立样本 T 检验最常用的判别指标是"临界比值"（CR 值）。它是根据总分区分出两组受试者：高分组和低分组，然后求高、低分两组受试者在每个题项的平均数差异的显著性，然后将未达显著水平的题项删除。主要步骤如下：首先检验样本是否符合多元正态分布→求出量表总分→量表总分高低排序→找出排序后上、下各 27% 处的分数，依据临界分数将量表得分分成高分和低分两组→用 T 检验检验高、低分组在每个题项上的差异→将 T 检验未达显著性的题项删除。

在进行独立样本 T 检验之前，需要先检验数据的正态性。本书所运用的数据处理工具为 SPSS19.0，正态性检验结果见表 3-1。

表3-1 各变量正态性检验

序号	N		均值的标准误差	标准差	偏度	偏度的标准误差	峰度	峰度的标准误差
	有效	缺失						
a1	223	0	0.082	1.219	0.069	0.163	-0.994	0.324
a2	223	0	0.092	1.371	-0.391	0.163	-1.046	0.324
a3	223	0	0.092	1.373	-0.284	0.163	-1.172	0.324
a4	223	0	0.096	1.432	-0.523	0.163	-1.183	0.324
a5	223	0	0.104	1.547	-0.641	0.163	-1.181	0.324
a6	223	0	0.097	1.452	-0.804	0.163	-0.808	0.324
a7	223	0	0.098	1.464	-0.457	0.163	-1.302	0.324
a8	223	0	0.101	1.506	-0.668	0.163	-1.083	0.324
a9	223	0	0.101	1.507	-0.705	0.163	-1.032	0.324
a10	223	0	0.090	1.341	-0.188	0.163	-1.216	0.324
a11	223	0	0.095	1.420	-0.498	0.163	-1.090	0.324
a12	223	0	0.091	1.365	-0.559	0.163	-0.932	0.324
a13	223	0	0.092	1.374	-0.161	0.163	-1.289	0.324
a14	223	0	0.092	1.378	-0.390	0.163	-1.135	0.324
a15	223	0	0.091	1.359	-0.448	0.163	-0.981	0.324
a16	223	0	0.091	1.362	-0.270	0.163	-1.246	0.324
a17	223	0	0.091	1.360	-0.482	0.163	-1.041	0.324
a18	223	0	0.089	1.328	-0.577	0.163	-0.865	0.324

表3-1中，所有题项偏度系数绝对值小于3，峰度系数绝对值远远小于10，表明样本数据符合多元正态分布，满足独立样本检验要求。

预试问卷最后回收有效问卷223份，27%约为60份。样本数据按照总分高低排序，自高向低，第60份为84分；自低向高，第60份为47分。因此将高于84分的61个样本划分为高分组；低于47分的68个样本划分为低分组。然后对这两组样本的每个题项进行独立样本t检验。本书所运用的数据处理工具为SPSS19.0，处理结果见表3-2和表3-3。

表3-2 组 统 计 量

序号	组别	N	均值	标准差	均值的标准误差	序号	组别	N	均值	标准差	均值的标准误差
a1	1.00	61	4.33	0.507	0.065	a10	1.00	61	4.69	0.467	0.060
	2.00	68	1.72	0.619	0.075		2.00	68	1.75	0.677	0.082
a2	1.00	61	4.80	0.401	0.051	a11	1.00	61	4.95	0.218	0.028
	2.00	68	1.97	0.880	0.107		2.00	68	1.99	0.855	0.104
a3	1.00	61	4.82	0.388	0.050	a12	1.00	61	4.93	0.250	0.032
	2.00	68	1.97	0.846	0.103		2.00	68	2.10	0.883	0.107
a4	1.00	61	5.00	0.000	0.000	a13	1.00	61	4.79	0.413	0.053
	2.00	68	1.84	0.784	0.095		2.00	68	1.75	0.655	0.079
a5	1.00	61	5.00	0.000	0.000	a14	1.00	61	4.90	0.300	0.038
	2.00	68	2.10	0.995	0.121		2.00	68	1.99	0.819	0.099
a6	1.00	61	5.00	0.000	0.000	a15	1.00	61	4.97	0.180	0.023
	2.00	68	2.21	1.016	0.123		2.00	68	2.10	0.883	0.107
a7	1.00	61	4.98	0.128	0.016	a16	1.00	61	4.85	0.358	0.046
	2.00	68	1.81	0.738	0.090		2.00	68	1.79	0.682	0.083
a8	1.00	61	5.00	0.000	0.000	a17	1.00	61	5.00	0.000	0.000
	2.00	68	2.19	1.069	0.130		2.00	68	2.09	0.824	0.100
a9	1.00	61	5.00	0.000	0.000	a18	1.00	61	4.98	0.128	0.016
	2.00	68	2.16	0.987	0.120		2.00	68	2.16	0.908	0.110

注：组别中"1.00"表示高分组，"2.00"表示低分组。

表3-3 独立样本T检验

项目		方差方程 Levene 检验		均值方程的t检验					95% 置信区间	
		F	Sig.	t	df	Sig.	均值差值	标准误差值	下限	上限
a1	假设方差相等	0.820	0.367	25.979	127	0.000	2.607	0.100	2.409	2.806
	假设方差不相等			26.260	126.001	0.000	2.607	0.099	2.411	2.804
a2	假设方差相等	30.961	0.000	23.068	127	0.000	2.833	0.123	2.590	3.076
	假设方差不相等			23.911	95.821	0.000	2.833	0.118	2.598	3.068

表 3-3（续）

项目		方差方程 Levene 检验		均值方程的 t 检验					95% 置信区间	
		F	Sig.	t	df	Sig.	均值差值	标准误差值	下限	上限
a3	假设方差相等	23.846	0.000	24.124	127	0.000	2.849	0.118	2.615	3.083
	假设方差不相等			25.001	96.158	0.000	2.849	0.114	2.623	3.075
a4	假设方差相等	56.625	0.000	31.470	127	0.000	3.162	0.100	2.963	3.361
	假设方差不相等			33.240	67.000	0.000	3.162	0.095	2.972	3.352
a5	假设方差相等	123.382	0.000	22.740	127	0.000	2.897	0.127	2.645	3.149
	假设方差不相等			24.019	67.000	0.000	2.897	0.121	2.656	3.138
a6	假设方差相等	168.887	0.000	21.477	127	0.000	2.794	0.130	2.537	3.052
	假设方差不相等			22.685	67.000	0.000	2.794	0.123	2.548	3.040
a7	假设方差相等	52.363	0.000	33.131	127	0.000	3.175	0.096	2.985	3.364
	假设方差不相等			34.883	71.479	0.000	3.175	0.091	2.993	3.356
a8	假设方差相等	130.272	0.000	20.520	127	0.000	2.809	0.137	2.538	3.080
	假设方差不相等			21.674	67.000	0.000	2.809	0.130	2.550	3.067
a9	假设方差相等	137.976	0.000	22.459	127	0.000	2.838	0.126	2.588	3.088
	假设方差不相等			23.722	67.000	0.000	2.838	0.120	2.599	3.077
a10	假设方差相等	3.043	0.083	28.364	127	0.000	2.939	0.104	2.734	3.144
	假设方差不相等			28.921	119.370	0.000	2.939	0.102	2.737	3.140
a11	假设方差相等	80.378	0.000	26.321	127	0.000	2.966	0.113	2.743	3.188
	假设方差不相等			27.616	76.616	0.000	2.966	0.107	2.752	3.179
a12	假设方差相等	90.988	0.000	24.176	127	0.000	2.831	0.117	2.600	3.063
	假设方差不相等			25.330	78.760	0.000	2.831	0.112	2.609	3.054
a13	假设方差相等	8.263	0.005	31.084	127	0.000	3.037	0.098	2.844	3.230
	假设方差不相等			31.826	114.428	0.000	3.037	0.095	2.848	3.226
a14	假设方差相等	53.490	0.000	26.253	127	0.000	2.916	0.111	2.697	3.136
	假设方差不相等			27.372	86.399	0.000	2.916	0.107	2.705	3.128
a15	假设方差相等	116.706	0.000	24.859	127	0.000	2.864	0.115	2.636	3.092
	假设方差不相等			26.143	73.141	0.000	2.864	0.110	2.646	3.083

表3-3（续）

项目		方差方程 Levene 检验		均值方程的 t 检验					95% 置信区间	
		F	Sig.	t	df	Sig.	均值差值	标准误差值	下限	上限
a16	假设方差相等	16.550	0.000	31.380	127	0.000	3.058	0.097	2.865	3.251
	假设方差不相等			32.371	103.546	0.000	3.058	0.094	2.871	3.246
a17	假设方差相等	159.922	0.000	27.594	127	0.000	2.912	0.106	2.703	3.121
	假设方差不相等			29.146	67.000	0.000	2.912	0.100	2.712	3.111
a18	假设方差相等	152.407	0.000	24.053	127	0.000	2.822	0.117	2.590	3.054
	假设方差不相等			25.352	69.966	0.000	2.822	0.111	2.600	3.044

对表3-3独立样本T检验的结果，首先观察每个题项的组别群体方差齐性检验结果，即"F值"，如果Sig.的值<0.05，则F值显著，表明两个组别群体方差不齐，此时再观察"假设方差不相等"的t值，如果t值显著（Sig.的值<0.05），则表明此题项具有一定的鉴别度；如果F值不显著（Sig.的值>0.05），表明两个组别群体方差相齐，此时再观察"假设方差相等"的t值，如果t值显著（Sig.的值<0.05），则表明此题项具有一定的鉴别度。

由表3-3可知，不管假设方差相等还是假设方差不相等，各题项的临界比值都达到显著，而且T统计量的值都大于3，所有题项均通过独立样本T检验。

2）同质性检测

同质性检验也称为内部一致性检验，其检验方法有二：一是求出量表各题项与量表总分之积差相关系数，积差相关系数越高，表示该题项与量表其他题项所要测量的态度或行为特质上越一致，通常要达到统计显著性水平且相关系数最好在0.30以上；二是判别量表的内部一致性α系数，从题项删除后量表α系数的改变状况，来判断量表的品质。

本书采用第一种方法，即计算量表各题项与量表总分之积差相关系数来检验量表的同质性。在此，题项与总分的相关性越高，表示题项与整体量表的同质性越高，所要测量的心理特质或潜在行为更为接近。题项与总分的相关系数未达到显著的，或两者为低相关（相关系数小于0.30），表示题项与整体量表的同质性不高，需考虑删除。而且，一个决断值低的题项，其题项与总分的相关性也可能较低。本书采用 SPSS19.0 进行数据处理，计算结果见表 3-4。

表 3-4 题项与总分相关系数表

项　目		总分	项　目		总分
a1	Pearson 相关性	0.861**	a10	Pearson 相关性	0.891**
	显著性（双侧）	0.000		显著性（双侧）	0.000
	N	223		N	223
a2	Pearson 相关性	0.838**	a11	Pearson 相关性	0.913**
	显著性（双侧）	0.000		显著性（双侧）	0.000
	N	223		N	223
a3	Pearson 相关性	0.853**	a12	Pearson 相关性	0.889**
	显著性（双侧）	0.000		显著性（双侧）	0.000
	N	223		N	223
a4	Pearson 相关性	0.904**	a13	Pearson 相关性	0.883**
	显著性（双侧）	0.000		显著性（双侧）	0.000
	N	223		N	223
a5	Pearson 相关性	0.870**	a14	Pearson 相关性	0.916**
	显著性（双侧）	0.000		显著性（双侧）	0.000
	N	223		N	223
a6	Pearson 相关性	0.849**	a15	Pearson 相关性	0.887**
	显著性（双侧）	0.000		显著性（双侧）	0.000
	N	223		N	223
a7	Pearson 相关性	0.895**	a16	Pearson 相关性	0.908**
	显著性（双侧）	0.000		显著性（双侧）	0.000
	N	223		N	223
a8	Pearson 相关性	0.836**	a17	Pearson 相关性	0.940**
	显著性（双侧）	0.000		显著性（双侧）	0.000
	N	223		N	223
a9	Pearson 相关性	0.851**	a18	Pearson 相关性	0.927**
	显著性（双侧）	0.000		显著性（双侧）	0.000
	N	223		N	223

从总分与各题项的相关系数可以看出，所有相关系数均大于 0.30，表明各题项均符合要求，故所有题项都得以保留。经过上述极端组比较和同质性检验，所有量表题项均具有较高的鉴别度，这与问卷设计前期广泛的文献研究和专家访谈关系密切。整理后的矿建企业集团资源协同能力影响因素量表见表3-5。

表3-5　矿建企业集团资源协同能力影响因素量表

序号	题　项
a1	企业内部部门、职能等设置合理
a2	企业内部建立资源协同的管理氛围
a3	企业各种管理业务程序设置合理
a4	企业拥有资源协同的决策支持模型
a5	企业管理软件运行效率高
a6	企业组织架构能满足多项目管理需求
a7	企业管理组织设置具有柔性和灵活性
a8	员工有资源协同的意识和认知
a9	资源协同理念对管理行为具有规范作用
a10	集团公司与成员企业之间管理程序一致
a11	企业规章制度执行力强
a12	企业管理工作信息化程度高
a13	企业管理人员对资源协同重视
a14	企业网络、设备等硬件技术先进
a15	企业一般员工对资源协同的配合及参与
a16	企业管理人员具备资源协同管理技能
a17	企业一般员工具备资源协同作业技能
a18	集团公司与成员企业的战略一致性

3.3.2　资源协同能力影响因子分析

1. 问卷设计及发放

参照前文开发的矿建企业集团资源协同影响因素量表，设计了问卷进行发放和调查，调查问卷格式详见附录 C。

本轮问卷发放对象为 9 家矿建企业（集团）和近 20 家工程建设类企业的中层（含部分高层）管理人员，其中 9 家矿建企业（集团）分别为：中煤第三建设集团第二十九、第三十、第三十六工程处，山西潞安工程有限公司，兖矿集团东华建设有限公司，平煤神马建工集团，中煤第五建设集团第三、第三十一、第四十九工程处。本轮共发放问卷 260 份，收回有效问卷 242 份，有效回收率 93%。

2. 因子分析

因子分析的基本思想是根据相关性大小把原始变量分组，使得同组内的变量之间相关性较高，而不同组的变量间的相关性较低。每组变量代表一个基本结构，并用一个不可观测的综合变量表示，这个基本结构就称为公共因子。每一个公共因子就代表变量间相互依赖的一种作用关系。抓住这些主要的公共因子就可以帮助我们对复杂的问题进行解释和分析。

样本数据是否适合因子分析需满足两个条件：一是依据 KMO 值的大小来判断，二是要从 Bartlett 球形检验的自由度是否显著来判断群体的相关矩阵间是否有共同因子存在，是否适合进行因子分析。根据学者 Kaiser 的观点，如果 KMO 值 < 0.5 时，不宜进行因子分析，一般来说应 KMO 值 ≥ 0.7。

运用 SPSS19.0 对收集的有效问卷数据进行因子分析，KMO、Bartlett 球形检验结果及各题项相关系数矩阵见表 3-6 和表 3-7。

表 3-6　KMO 和 Bartlett 的检验

取样足够度的 Kaiser - Meyer - Olkin 度量		0.874
Bartlett 的球形度检验	近似卡方	9180.284
	df	153
	Sig.	0.000

表3-7 相关系数矩阵

序号	a1	a2	a3	a4	a5	a6	a7	a8	a9	a10	a11	a12	a13	a14	a15	a16	a17	a18
a1	1.000	0.330	0.305	0.271	0.282	0.973	0.967	0.348	0.327	0.291	0.298	0.268	0.483	0.284	0.482	0.260	0.266	0.496
a2	0.330	1.000	0.445	0.239	0.294	0.367	0.326	0.976	0.975	0.466	0.456	0.298	0.602	0.288	0.595	0.240	0.223	0.582
a3	0.305	0.445	1.000	0.266	0.298	0.309	0.295	0.426	0.423	0.972	0.972	0.290	0.545	0.305	0.547	0.256	0.237	0.551
a4	0.271	0.239	0.266	1.000	0.236	0.246	0.264	0.240	0.245	0.270	0.263	0.214	0.512	0.231	0.518	0.976	0.969	0.529
a5	0.282	0.294	0.298	0.236	1.000	0.311	0.333	0.311	0.286	0.298	0.307	0.977	0.450	0.968	0.440	0.226	0.218	0.459
a6	0.973	0.367	0.309	0.246	0.311	1.000	0.971	0.383	0.357	0.305	0.306	0.302	0.511	0.310	0.503	0.239	0.239	0.513
a7	0.967	0.326	0.295	0.264	0.333	0.971	1.000	0.343	0.323	0.281	0.287	0.319	0.484	0.332	0.479	0.248	0.257	0.497
a8	0.348	0.976	0.426	0.240	0.311	0.383	0.343	1.000	0.968	0.441	0.441	0.309	0.578	0.302	0.580	0.236	0.218	0.566
a9	0.327	0.975	0.423	0.245	0.286	0.357	0.323	0.968	1.000	0.435	0.432	0.283	0.566	0.273	0.566	0.239	0.228	0.556
a10	0.291	0.466	0.972	0.270	0.298	0.305	0.281	0.441	0.435	1.000	0.974	0.302	0.568	0.303	0.564	0.271	0.245	0.566
a11	0.298	0.456	0.972	0.263	0.307	0.306	0.287	0.441	0.432	0.974	1.000	0.302	0.548	0.312	0.548	0.259	0.240	0.551
a12	0.268	0.298	0.290	0.214	0.977	0.302	0.319	0.309	0.283	0.296	0.302	1.000	0.463	0.976	0.449	0.208	0.203	0.468
a13	0.483	0.602	0.545	0.512	0.450	0.511	0.484	0.578	0.566	0.568	0.548	0.463	1.000	0.449	0.972	0.516	0.494	0.972
a14	0.284	0.288	0.305	0.231	0.968	0.310	0.332	0.302	0.273	0.303	0.312	0.976	0.449	1.000	0.440	0.219	0.220	0.462
a15	0.482	0.595	0.547	0.518	0.440	0.503	0.479	0.580	0.566	0.564	0.548	0.449	0.972	0.440	1.000	0.513	0.503	0.963
a16	0.260	0.240	0.256	0.976	0.226	0.239	0.248	0.236	0.239	0.271	0.259	0.208	0.516	0.219	0.513	1.000	0.974	0.521
a17	0.266	0.223	0.237	0.969	0.218	0.239	0.257	0.218	0.228	0.245	0.240	0.203	0.494	0.220	0.503	0.974	1.000	0.510
a18	0.496	0.582	0.551	0.529	0.459	0.513	0.497	0.566	0.556	0.566	0.551	0.468	0.972	0.462	0.963	0.521	0.510	1.000

由表 3 - 6 和表 3 - 7 可知，KMO 值为 0.874 > 0.7，Bartlett's 球形检验的 Sig. 值为 0.000，达到显著水平。相关系数矩阵中，大部分数据的绝对值都在 0.3 以上，说明题项间有较强的相关性，以上结果表明样本数据适合进行因子分析。

本书采用主成分分析法抽取共同因子，公因子抽取按照特征值大于 1 规则进行，然后运用方差最大法求出最终的因子负荷矩阵，因子载荷矩阵旋转采用正交旋转中最大方差法。数据处理结果见表 3 - 8 至表 3 - 10 和图 3 - 3。

表 3 - 8　公 因 子 方 差

序号	初始	提取	序号	初始	提取
a1	1.000	0.980	a10	1.000	0.988
a2	1.000	0.985	a11	1.000	0.984
a3	1.000	0.984	a12	1.000	0.987
a4	1.000	0.982	a13	1.000	0.985
a5	1.000	0.981	a14	1.000	0.980
a6	1.000	0.985	a15	1.000	0.980
a7	1.000	0.980	a16	1.000	0.986
a8	1.000	0.980	a17	1.000	0.980
a9	1.000	0.979	a18	1.000	0.980

注：提取方法：主成分分析。

表 3 - 9　解 释 的 总 方 差

成分	初始特征值			提取平方和载入			旋转平方和载入		
	合计	方差/%	累积/%	合计	方差/%	累积/%	合计	方差/%	累积/%
1	3.776	20.978	20.978	3.776	20.978	20.978	2.953	16.407	16.407
2	3.273	18.184	39.162	3.273	18.184	39.162	2.949	16.386	32.792
3	3.164	17.580	56.742	3.164	17.580	56.742	2.949	16.385	49.177
4	2.804	15.578	72.320	2.804	15.578	72.320	2.947	16.374	65.551
5	2.452	13.622	85.942	2.452	13.622	85.942	2.945	16.360	81.911
6	2.217	12.317	98.259	2.217	12.317	98.259	2.943	16.349	98.259
7	0.040	0.225	98.484						

表3-9（续）

成分	初始特征值			提取平方和载入			旋转平方和载入		
	合计	方差/%	累积/%	合计	方差/%	累积/%	合计	方差/%	累积/%
8	0.037	0.204	98.689						
9	0.033	0.182	98.871						
10	0.032	0.176	99.047						
11	0.028	0.158	99.204						
12	0.028	0.154	99.358						
13	0.024	0.131	99.489						
14	0.021	0.116	99.605						
15	0.021	0.116	99.721						
16	0.018	0.098	99.819						
17	0.017	0.097	99.916						
18	0.015	0.084	100.000						

注：提取方法：主成分分析。

表3-10 旋转成分矩阵

序号	成分					
	1	2	3	4	5	6
a10	0.985	0.025	0.091	0.005	0.030	-0.083
a11	0.983	0.031	0.092	0.004	0.046	-0.081
a3	0.983	-0.010	0.113	-0.011	0.045	-0.055
a12	0.011	0.951	0.016	-0.038	-0.041	0.000
a14	0.009	0.893	-0.013	-0.043	-0.044	-0.016
a5	0.025	0.921	0.001	-0.040	-0.061	-0.002
a16	0.100	0.006	0.917	0.025	0.023	-0.024
a4	0.097	-0.012	0.926	0.024	0.007	-0.016
a17	0.095	0.010	0.885	-0.003	0.014	-0.016
a13	0.010	-0.041	0.020	0.891	-0.041	-0.006
a18	-0.010	-0.027	0.022	0.921	-0.027	0.005
a15	0.000	-0.052	0.003	0.896	-0.041	-0.007

表 3 - 10（续）

序号	成 分					
	1	2	3	4	5	6
a6	0.036	−0.055	0.020	−0.042	0.851	0.031
a7	0.031	−0.032	0.026	−0.040	0.827	0.004
a1	0.052	−0.060	−0.002	−0.027	0.792	0.029
a2	−0.069	−0.013	−0.009	−0.007	0.017	0.990
a8	−0.076	−0.007	−0.033	0.029	0.012	0.986
a9	−0.071	0.001	−0.014	−0.030	0.036	0.959

注：提取方法：主成分。

旋转法：具有 Kaiser 标准化的正交旋转法。

旋转在 5 次迭代后收敛。

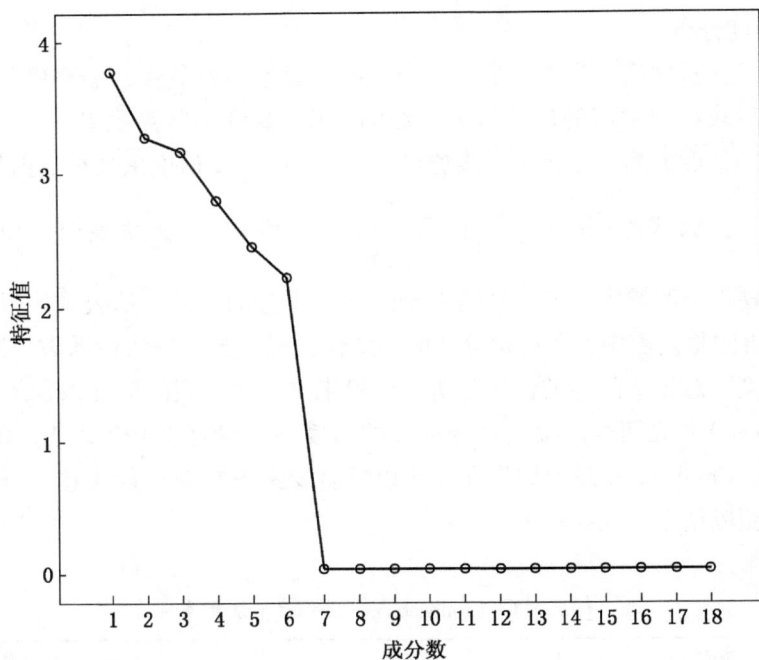

图 3 - 3　主成分分析碎石图

表 3 - 8 给出了本次分析从每个原始变量中提取的信息。由表中数据可以看

出，主成分包含了各个原始变量的 80% 以上的信息。

对数据运用主成分分析法进行因子分析并经方差极大旋转，最终提取出了 6 个特征值大于 1 的因素，这 6 个因素的平方和负荷量累计为 98.259% ＞85% ，见表 3 – 9。

由表 3 – 10 可知，18 个题项在单一维度的因子负荷最大为 0.990，最小为 0.792，均大于 0.5，表明量表具有较好的收敛效度和单维度性。量表中的题项没有同时在多个维度间具有高因子负荷，也就是没有跨因子负荷的现象，表明题项具有一定的区别效度。6 个特征值大于 1 的因子完全包含了 18 个指标题项，印证了项目分析的结果。

由图 3 – 3 可以看出，成分数为 6 时，特征值的变化曲线趋于平缓，所以由碎石图也可大致确定出主成分个数为 6，这与按累计贡献率确定的主成分个数是一致的。

3. 信度分析

在因子分析之后，为进一步了解问卷的可靠性与有效性，需要做信度检验。在李克特量表法中常用的信度检验方法为 "Cronbach α" 系数及 "折半信度"。一个量表的信度愈高，则表示量表愈稳定。Cronbach α 信度系数是目前最常用的信度系数，其公式为：$\alpha = \dfrac{k}{k-1}\left(1 - \dfrac{\sum S_i^2}{S^2}\right)$，其中，$K$ 为量表中题项的总数，S_i^2 为第 i 题得分的题内方差，S^2 为全部题项总得分的方差。从公式中可以看出，α 系数评价的是量表中各题项得分间的一致性，属于内在一致性系数。这种方法适用于态度、意见式问卷的信度分析。一般来讲，总量表的信度系数最好在 0.8 以上，0.7 ~ 0.8 之间可以接受；分量表的信度系数最好在 0.7 以上，0.6 ~ 0.7 可以接受。Cronbach α 系数如果在 0.6 以下就要考虑重新设计问卷。Cronbach α 系数信度测验结果见表 3 – 11。

表 3 – 11 Cronbach α 系数信度检测结果

量表	项数	Cronbach α 系数
总量表	18	0.934
因子 1	3	0.921

表 3-11（续）

量表	项数	Cronbach α 系数
因子 2	3	0.848
因子 3	3	0.932
因子 4	3	0.825
因子 5	3	0.936
因子 6	3	0.872

4. 因子命名

因子分析结果显示，18 个指标题项被提炼成为 6 个因子，分别表示为 F1，F2，F3、F4、F5 和 F6。根据旋转成分矩阵（表 3-10）可以看到，F1 主要受到 a3、a10 和 a11 三个指标题项的影响，这三个题项的内容与业务流程和规章制度相关，因此将第一个因子命名为"面向资源协同的业务流程设计"；F2 主要受到 a5、a12 和 a14 三个指标题项的影响，这三个题项内容主要描述企业集团资源协同信息化手段方面的，将第二个因子命名为"面向资源协同的信息平台建设"；F3 主要受 a4、a16 和 a17 三个指标题项的影响，这三个题项主要与企业和人员的协同业务能力有关，将其命名为"资源协同技术能力"；F4 受到 a13、a15 和 a18 三个指标题项影响，这三个题项基本都与资源协同的思想重视相关，将其命名为"资源协同管理战略"；F5 受到 a1、a6 和 a7 三个指标题项影响，该三个题项是关于组织结构设计方面的，因此将该因子命名为"面向资源协同的组织结构设置"；F6 受到 a2、a8 和 a9 三个指标题项的影响，将其命名为"面向资源协同的企业文化建设"。整理后的矿建企业集团资源协同影响因子见表 3-12。

表 3-12　矿建企业集团资源协同能力影响因子表

影响因子	影响因素
F1 面向资源协同的业务流程设计	a3 企业各种管理业务程序设置合理
	a10 集团公司与成员企业之间管理程序一致
	a11 企业规章制度执行力强

表 3 - 12（续）

影响因子	影 响 因 素
F2 面向资源协同的信息平台建设	a5 企业管理软件运行效率高
	a12 企业管理工作信息化程度高
	a14 企业网络、设备等硬件技术先进
F3 资源协同技术能力	a4 企业拥有资源协同的决策支持模型
	a16 企业管理人员具备资源协同管理技能
	a17 企业一般员工具备资源协同作业技能
F4 资源协同管理战略	a13 企业管理人员对资源协同重视
	a15 企业一般员工对资源协同的配合及参与
	a18 集团公司与成员企业的战略一致性
F5 面向资源协同的组织结构设置	a1 企业内部部门、职能等设置合理
	a6 企业组织架构能满足多项目管理需求
	a7 企业管理组织设置具有柔性和灵活性
F6 面向资源协同的企业文化建设	a2 企业内部建立资源协同的管理氛围
	a8 员工有资源协同的意识和认知
	a9 资源协同理念对管理行为具有规范作用

3.3.3 影响因子解析

至此本书已界定了矿建企业集团资源协同能力的 6 个影响因子，这些影响因子是从不同的维度表征了资源协同能力提升和发展的动力及条件。进一步分析来看，这 6 个因子所处的层次、角度各不相同，下面本书将对这 6 个影响因子进行解析，进一步明确影响因子之间的关系。

1. 资源协同意识层因子

意识层因子包括"面向资源协同的企业文化建设"和"资源协同管理战略"。

一般来讲，企业集团资源协同能力的提升，集团内部全方位（包括集团公司、各类成员企业）、全员（上至最高层的企业管理者，下至一般企业员工）对于资源协同重要性、必要性的认可、参与和执行，把资源协同上升为一种企业核心价值观念和企业发展战略，建立面向资源协同的企业文化，这些都是必要的前提，这些内容都属于解决人的"思想"的范畴。很多实践和案例告诉我们，只要把人（尤其是企业高层管理者）的思想和观念问题解决好，企业资源协同能力的提升就有了原动力。

2. 资源协同路径层因子

路径层因子包括"面向资源协同的组织结构设置""面向资源协同的业务流程设计"和"资源协同技术能力"。

这三个因素论述的是矿建企业集团资源协同能力提升不可缺少的途径和手段，也就是说要提升矿建企业集团资源协同能力，需要做好这三个方面的工作。

3. 资源协同载体层因子

载体层因子是"面向资源协同的信息平台建设"。

这一层次论述的是企业集团资源协同能力提升的抓手和平台问题，即如果要提升矿建企业集团资源协同的整体能力，各种工作应该以何种形式去高效执行和集中体现。

在此需要指出：对于资源协同意识层因子，即"面向资源协同的企业文化建设"因子和"资源协同管理战略"因子，其本质上是属于"思想意识"范畴的问题，企业战略管理和企业文化建设也属于企业管理的传统核心领域，理论和方法体系已非常丰富和完善。另一方面，这两个因子涉及的内容，从管理实践的技术性和需求的迫切性层面来说，不及其他四个因子，因此本书对这两个方面的内容不予深入研究。

从第4章开始，本书将围绕影响矿建企业集团资源协同能力的"面向资源协同的组织结构设置""面向资源协同的业务流程设计""资源协同技术能力"和"面向资源协同的信息平台建设"这4个影响因子，对应进行"资源协同管理组织体系""资源协同计划体系""资源优化配置体系"和"资源协同信息管理平台"4个方面的研究，建立完整的矿建企业集团资源协同体系，为矿建企业集团资源协同效应的提升提供参考和支持。

4 基于 PMO 的资源协同管理组织体系研究

矿建企业集团多项目并行是企业经营的普遍现象，多项目涉及多专业和跨区域，对于多项目的管理已经成为矿建企业集团管理的主要内容。建立以项目为导向的企业管理模式，首要的就是设计适应多项目管理需求的组织结构。随着项目数量的增多以及项目规模的扩大，矿建企业集团母公司与子公司之间、子公司与项目部之间、职能部门与项目部门之间的协调性需求越来越迫切。传统的矿建企业集团管理组织体系，例如职能式、矩阵式、项目式等都存在不同程度的缺陷和弊病，不能满足矿建企业集团资源协同管理的要求。因此，需要对传统组织模式进行改进，建立科学合理的矿建企业集团资源协同管理组织体系，为资源协同管理提供组织方面的基础。

4.1 传统项目管理组织模式存在问题分析

传统的项目组织结构模式主要有三种，即职能式（或直线式）、项目式和矩阵式。对于这三种组织结构模式的适用条件及优缺点，国内外学者已经做了大量的分析和论证，对此本书将不做过多讨论。需要指出的是，这三种传统组织结构模式均是单个项目管理下的产物，面对企业多项目管理，这三种组织结构模式均存在不足之处。

1. 多个项目之间的协调问题

对矿建企业集团来说，集团追求的是所有项目整体利益的最大化。在上述三种传统组织结构中，每个项目经理负责一个项目，一般只为自己团队项目的利益争取企业资源，因此容易导致个别项目成功而企业整体效益并未最优的现象。随着项目数量的增加，项目间需要整合的资源和协调的关系也会随之增加，使得整个企业集团的管理成本上升，管理效率低下。

2. 项目经理与职能经理之间的协调问题

单项目管理中各个职能部门都围着单一项目展开工作，这种情况下项目经理和职能经理间的目标是一致的，两者之间的关系也比较容易处理。而当企业同时有多个项目运营时，职能部门与项目之间是一对多的关系，此时职能部门就得考虑为哪个项目优先服务的问题。如果职能部门专业能力和管理能力不能满足项目目标和需要，将会加深职能部门和项目部门间的矛盾。

3. 项目资源协调问题

一般来说，某一职能部门内部的人员关心的是本部门的业务，使用的是本部门的专业知识和术语。此种情况下企业内各个职能部门之间相互分离，相应的项目资源也被人为地分割，职能部门之间协调困难，互相扯皮推诿，导致资源无法做到统筹安排，直接影响到项目的顺利进行。

4.2 资源协同管理组织体系设计目标界定

矿建企业集团在同一时期同时运行多个项目，会使得资源协调和部门协作出现冲突的可能性加大，此时传统的三种组织结构模式将难以适应多项目管理的需求。那么多项目管理对组织结构体系概括起来主要有以下几方面的要求：

1. 处理好项目之间的利益分配和平衡问题

不同的项目具有不同的实现目标、不同的收益和不同的施工难度，资源的有限性使得项目之间对资源的争夺和冲突加大。因此，组织结构的设计应能够处理多项目之间的利益分配和平衡问题，实现企业集团整体利益的最大化。

2. 处理好项目部与职能部门之间的关系

单项目管理中各职能部门围绕着单一项目工作，职能部门和项目部目标一致。但在多项目管理中，各职能部门要同时面对多个项目，项目服务优先性的问题、项目服务到位程度问题、职能部门的专业能力和管理能力胜任度问题等，都可能导致职能部门与项目部之间的矛盾深化。

3. 处理好"多头领导"的问题

项目经理与部门经理基本处于同一级别和地位，对项目部成员来说便出现了"多头领导"现象，很容易导致在涉及项目优先次序、资源配备等问题上的冲突和矛盾，因此必须从组织结构上合理分配好项目经理和职能部门经理之间的权力、责任和义务，处理好"多头领导"的问题。

除了上述基本要求，针对矿建企业集团资源协同管理的实际和管理需求，矿建企业集团资源协同管理组织体系还应实现以下目标：

1. 集团各层次的管理职能明晰化

集团母公司履行战略决策职能，主要负责整个矿建企业集团的发展战略规划、资源整合、资源优化调度、技术研发等；子公司履行项目运作职能，主要负责多项目的计划、组织、监管和考核；项目部履行单项目管理职能，以成本控制为核心，负责各专业工程的过程管理，做好工程项目的成本、进度、质量和安全风险控制。

2. 集团内外部资源整合化

（1）资金集中优化调拨。集团资金实行集中管理，根据项目部、子公司以及集团母公司的资金预算，编制融资计划，制定资金调拨方案。

（2）设备、物资集中采购和调度。根据工程项目的进度计划，编制和审批设备需求计划、物资需求计划，参照集团设备、物资台账信息计算需求缺口，进行设备采购、租赁比选决策和物资采购决策，最后进行集中招标确定供应商；从集团全局层面优化调拨关键设备，满足项目部设备需求。

（3）人力资源集中规划、招聘、培训和分配。编制和分级审批人力资源需求计划，由子公司和母公司分级集中组织人力资源招聘、培训等；从集团全局层面优化分配关键性人力资源，满足项目部的管理和运营需求。

4.3 基于PMO的资源协同管理组织体系设计

4.3.1 PMO概述

美国项目管理协会（PMI）对PMO的定义是："PMO是为创造和监督整个管理系统而负责的组织元素，这个管理系统是为项目管理行为的有效实施和为最大程度的达到组织目标而存在的"。

企业多项目管理的根本目的在于从组织的战略角度出发，协调和管理组织内的所有项目，进行组织范围内资源的集中整合、优化配置和有效利用，最终实现组织的战略目标。与单项目管理不同，多项目管理是对企业范围内的项目组合、项目集进行的协同和管理，因此多项目管理需要设置一个专门的机构——项目管理办公室（PMO），站在企业战略层面上保持企业多个项目目标与企业战略目标的一致性,定义并推行可重用的项目管理流程,整合与分配企业资源,协助企业管理层决策,确保企业多项目管理目标的实现。

4.3.2 资源协同管理组织体系总体框架

本着集权与分权结合、分工与协作结合的原则,以提高矿建企业集团资源协同管理能力,提高多项目整体效率和效益为目标,参照其他工程建设行业企业集团组织机构设置的经验和做法,本书构建了矿建企业集团资源协同管理组织体系,该组织体系包括三个管理层次(集团母公司层、子公司层和项目部层)和五个管理中心(战略中心、资源中心、管理中心、项目运作中心和成本中心),该管理组织体系的总体框架如图 4-1 所示。

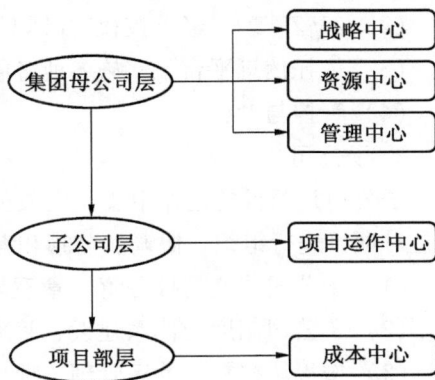

1. 集团母公司

集团母公司是战略中心、资源中心

图 4-1 多项目管理组织体系总体框架图

和管理中心,负责对集团内部各项目的资金、设备、物资以及人力资源等进行调配;对重要物资、设备进行集中采购和租赁招标决策;对项目部进行统一的调度、指挥和协调。

1) 战略决策中心

(1) 集团发展战略的制定与调整;

(2) 制定服从集团战略的业务系统职能战略和子公司营运战略;

(3) 实施年度统一预算与考核;

(4) 战略协同效应和核心竞争力的培育。

2) 资源整合调度中心

资源整合调度中心是对矿建企业集团的关键资源进行优化配置和调度的职能部门,下设技术中心、采购交易中心、资金结算中心、人力资源中心和信息中心。

(1) 技术中心:关键技术研发、知识管理平台的建设;

(2) 资金结算中心:资金实施集中运作、财务实施垂直式管理;

（3）采购交易中心：关键设备、物资等资源的集中采购和调配；

（4）人力资源中心：人力资源的统一组织和管理；

（5）信息中心：统一的信息系统建设。

3）管理中心

（1）企业文化建设；

（2）经营管理、经营授权、品牌与资质管理；

（3）依托信息平台，实施各业务管理；

（4）管控与考核。

2. 子公司

子公司是项目的运作中心，主要负责项目的选择、组织和管理。项目运作中心是对项目进行组织、协调、监管和考核的职能部门，其职能包括以下方面：

（1）子公司战略目标分解、管理与实施；

（2）子公司制度与体系建设、管理；

（3）按板块授权、片区管理、项目辐射进行项目经营；

（4）工程项目前期的策划、组织；工程项目过程协调、管控；工程项目绩效考核与总结。

3. 项目部

项目部是成本中心，主要负责项目过程控制，履行项目合同，控制项目成本、质量、进度和风险，其管理职能主要包括以下两个方面：

（1）工程项目资源的优化合理使用，成本计划、成本分析、成本控制等过程的管理与实施；

（2）以成本控制为重点，对项目的进度、质量、安全、环境、项目协调与沟通、风险等进行有效管理，实现项目经营辐射和项目管理目标。

4.3.3 资源协同管理组织结构设计

运用组织结构设计和多项目管理相关理论，考虑矿建企业集团管理的实际和需求，本书构建了矿建集团母公司→子公司→项目部三级管理组织结构，将矿建企业集团所有的项目和资源集中起来，站在集团战略和全局的高度来规划所有项目，优化配置集团内外各种资源，使得资源的利用效率最大化。资源协同管理组织结构如图4-2所示。

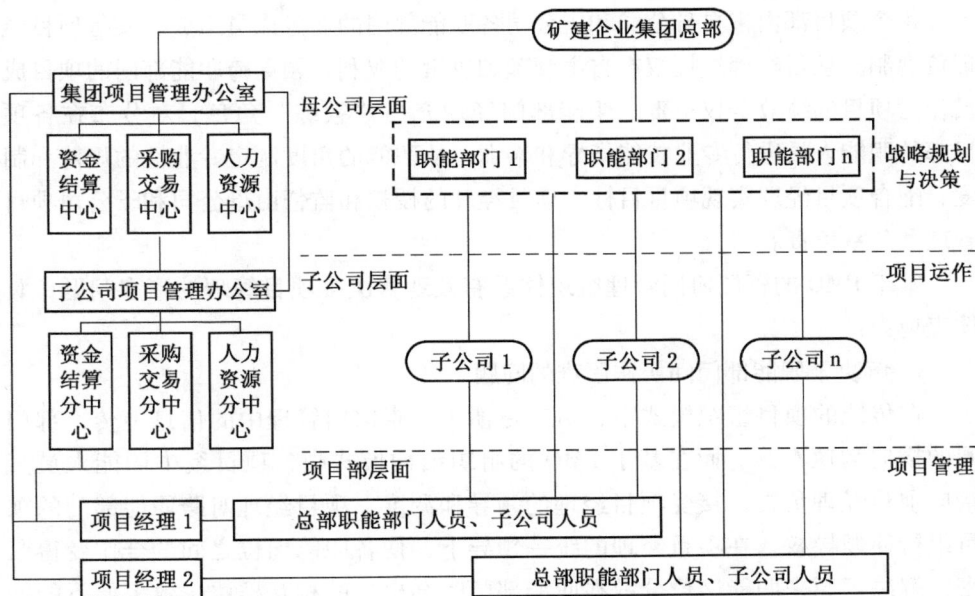

图 4-2 基于 PMO 的资源协同管理组织结构图

1. 集团母公司

（1）集团母公司设立集团项目管理办公室，由集团母公司总部直管；

（2）集团母公司设立设备、物资采购交易中心，由集团母公司项目管理办公室直管；

（3）集团母公司设立资金结算中心，由集团母公司项目管理办公室直管；

（4）集团母公司设立人力资源中心，由集团母公司项目管理办公室直管。

2. 子公司

（1）设置子公司项目管理办公室，由集团总部项目管理办公室直管；

（2）在子公司设置资金结算分中心，由子公司项目管理办公室直管；

（3）在子公司设置设备、物资采购交易分中心，由子公司项目管理办公室直管；

（4）在子公司设置人力资源分中心，由子公司项目管理办公室直管。

3. 项目部

每个项目部由来自母公司和子公司各职能部门的业务人员组成，实行项目经理负责制。项目经理经授权有自主管理和决策的权利，领导跨职能部门的项目成员，对项目的绩效全权负责。职能部门经理充当"教练"角色，对分布在各项目部的职能人员进行专业技能指导和培训，从职能的角度制定专业性的规范和制度，配合项目经理实现项目目标。项目经理的授权和监督由母公司和子公司项目管理办公室负责。

基于 PMO 的资源协同管理组织体系有效地解决多项目管理的诸多问题，具体表现为：

1. 解决了职能部门间协作困难的问题

在传统的项目组织模式中，员工习惯于垂直部门管理中的信息上传，部门间的横向沟通不畅。而在基于 PMO 的组织结构模式中，项目组中职能人员直接向项目经理负责，接受项目经理的领导和调度。项目经理对跨职能部门的项目组行使领导权，在项目经理的统一领导下，使各职能岗位之间的合作变得紧密，解决了原来职能岗位分散在职能部门时会出现的相互推诿、效率低下的问题。

2. 解决了项目部和职能部门的"双头领导"问题

在基于 PMO 的组织结构模式中，项目经理全权负责项目部整体运营。他们以"项目绩效"为标准对项目团队成员的业绩进行评估，并将评估结果与其薪酬和晋升直接挂钩。职能部门经理角色发生了转变，他们不再负责项目管理的具体环节，而更多地关注职能部门业务人员的招聘、培训、职业生涯发展等。权力向项目部的倾斜保证了以项目为中心的原则，解决了"项目"和"职能"双重领导的问题。

3. 解决了多项目之间的协调问题

该组织结构模式中 PMO 是核心，它履行两大职能：一是统一协调各个项目，二是授权和监督每个项目经理。PMO 下设各类资源管理中心，PMO 成员一般由母公司（或子公司）高层管理人员以及专业技术人员组成，他们明确企业的战略目标，能够从企业集团全局出发对所有的项目进行权重分配，根据每个项目的重要性和优先级分配资源，以实现整个企业集团最优的投入产出效率。PMO 对项目经理的授权和监督，既保证了项目经理指挥和协调跨职能项目团队的权力，又防止了项目经理滥用职权而造成企业不必要的损失。

4.4 组织体系设计关键问题分析

1. 资金全面预算与集中管理

为了提高矿建企业集团资金的使用效率，需以"现金流"为主线，建立垂直管理、协调统一的财务管控体系，实施矿建企业集团资金全面预算和资金集中管理，提高资金集中度、资金周转率和资金使用效率，统一信贷，提升信用等级，提高集团融资能力。

1）资金全面预算

实施资金全面预算，项目部、子公司、集团母公司协同编制成本费用预算，优化配置财务资源。

具体业务流程为：

（1）每月末项目部编制下月人工、设备、物资、分包工程费、现场管理费以及其他费用预算，上报至子公司和集团母公司总部；

（2）子公司编制其日常开支预算，统计结算分中心资金盈余，与所辖项目部上报费用预算进行合并汇总，形成子公司资金预算并上报集团母公司总部；

（3）集团母公司总部编制日常开支预算，统计结算中心的资金盈余，与各子公司上报资金预算合并汇总，编制集团资金融资计划，优化部署集团整体资金。

2）资金集中管控

在集团母公司设立资金结算中心，子公司设立资金结算分中心，对资金实施集中管控。资金结算中心负责整个集团资金管理，代表集团筹资、协调、规划和调控资金。实施财务人员委派制，结算分中心派财务人员驻扎项目现场，对项目部的资金使用进行监管。

2. 设备、物资集中采购交易

在集团母公司、子公司分别设立设备、物资采购交易中心，对大型设备的动态信息进行实时管理，编制大型设备的采购、租赁和修理改造计划，对集团内部大型设备进行优化调配；对大宗材料和专用材料实行集中招标和采购。

1）设备集中采购交易

纵向来说，对设备进行集中管理，建立有偿使用制度，制定内部设备交易计划，对子公司、项目部的设备进行动态调配和调拨；横向来说，根据矿建企业集团项目进展需要，采购补充设备或者修理改造现有设备，或者从外部市场租赁价值高、专业性强、利用率相对低的设备，双管齐下，在矿建企业集团内外部优化配置设备，提高设备的利用效率。

2）物资集中采购交易

按照矿建企业集团母公司、子公司、项目部三级物资管理机制，实施区域性集中采购，对各项目部实施"采购总额"和"物资单价"控制，保证采购质量，规范采购行为，加强采购监督，降低采购成本。

3. 人力资源集中管理

在集团母公司总部设立人力资源中心，在子公司设立人力资源分中心，项目部根据业务进展编制人力资源规划，子公司和集团母公司总部审批规划，集团母公司总部集中或各子公司分区域集中进行人力资源招聘、培训；由集团母公司总部人力资源中心负责整个集团的人力资源优化配置和调度。

4. 项目管理办公室设置

项目管理办公室是面向矿建企业集团的整体发展战略，整合矿建企业集团所有项目管理活动的工作组。项目管理办公室实施项目组合管理，将不同类型项目组合在一起，确保各项目目标与矿建企业集团发展战略目标的一致性；同时作为矿建企业集团内部资源的协调中枢，项目管理办公室可有效提高矿建企业集团项目组合管理的整体水平。

在集团母公司和子公司分别设置项目管理办公室。集团母公司项目管理办公室站在矿建企业集团全局角度，拥有决策和协调的最高权力，对集团母公司的最高管理层负责，从集团整体层面上指导资金结算中心、设备物资采购交易中心、人力资源管理中心完成各种资源的整合和分配工作。子公司项目管理办公室从战术层面对子公司管辖的多个项目进行统一指导和协调，指导资金结算分中心、设备物资采购交易分中心和人力资源管理分中心有效地配置资金、设备、物资和人员等关键资源。两级项目管理办公室配合完成项目经理的任命、授权、监督和考核。

在此需要指出，本书提出的矿建企业集团资源协同管理组织体系是围绕"资源协同管理"这一核心设计的，在实际管理过程中矿建企业集团可以此为参照，对现有的管理组织体系进行不同程度的优化、重组和改进，以适应整个集团资源协同管理的客观需求。

5 资源协同计划体系研究

资源计划是矿建企业集团资源协同管理中一项重要的、复杂的工作，需要根据多项目的协同进度计划来制定各种资源计划，保证资源的供应，实现项目组合管理的目标，最终实现矿建企业集团效益的最大化。本章将对矿建企业集团资金、设备、物资和人力资源四种资源的协同计划体系进行研究，为资源协同管理提供业务流程设计方面的支持。

5.1 资金协同计划体系

5.1.1 资金协同计划流程

矿建企业集团的资金协同计划涉及项目部、子公司以及母公司三个层面。

项目部主要负责按月度编制项目的支付计划和收款计划，形成现金流计划，计算项目月度阶段性资金缺口。

子公司主要负责按月度编制阶段性日常开支、日常流动资金、其他收入计划，统计盈余资金，计算子公司月度阶段性资金缺口。

集团母公司按月度编制阶段性日常开支、日常流动资金、其他收入和统计盈余资金，根据资金结算中心的贷款、借款等，编制阶段性还贷计划，计算集团母公司月度阶段性资金缺口。

集团资金结算中心根据项目部、子公司和集团母公司提报的月度阶段性资金缺口，编制融资计划，并进行融资决策。

矿建企业集团资金协同计划流程如图 5 - 1 所示。

5.1.2 项目部资金需求计划

1. 付款计划

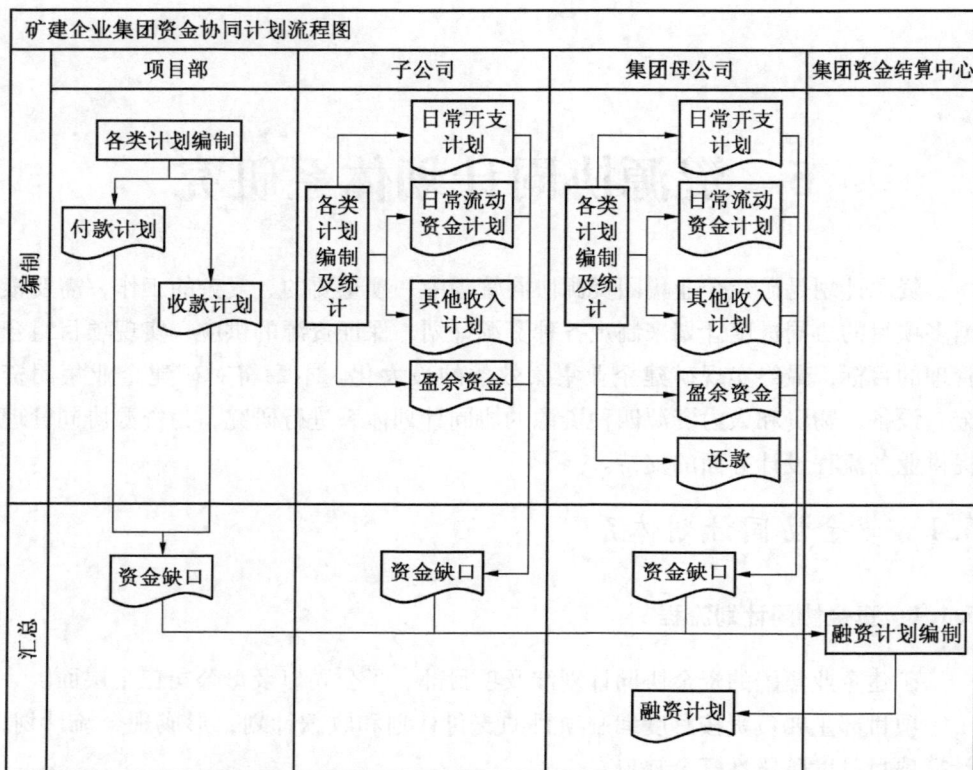

矿建企业集团资金协同计划流程图

图 5-1　矿建企业集团资金协同计划流程图

项目部根据工程进度计划，按月度统计各工序各种资源消耗总量，汇总编制支付计划。支付计划包括直接工程费（人工费、材料费和设备费用等）、分包工程款、现场管理费以及其他费用。

1）直接工程费

根据分项工程的人工、机械设备、物资消耗，计算月度直接工程费。

$$E_i = \sum_{j=1}^{n} H_{ij} \times f_{ij}(p) + \sum_{k=1}^{n} E_{ik} \times f_{ik}(E) + \sum_{l=1}^{n} M_{il} \times f_{il}(M) \qquad (5-1)$$

$$E = \sum_{i=1}^{n} E_i \qquad (5-2)$$

式中　　　　E_i——第 i 分项工程阶段性直接工程费；

　　　　　　H_{ij}——第 i 分项工程第 j 类人员用工数量；

$f_{ij}(p)$——第 i 分项工程第 j 类人员单位工资；

E_{ik}——第 i 分项工程第 k 类设备台班数量；

$f_{ik}(E)$——第 i 分项工程第 k 类设备单位台班成本；

M_{il}——第 i 分项工程第 l 类物资消耗数量；

$f_{il}(M)$——第 i 分项工程第 l 类物资单价；

E——项目阶段性直接工程费。

2）分包工程款

根据分包商申请的月度支付计划，对其上报的工程量清单和合同价进行审核，确定支付给各个分包商的工程款。

$$S_i = \sum_{j=1}^{n} q_{ij} \times f_{ij} \qquad (5-3)$$

$$S = \sum_{i=1}^{n} S_i \qquad (5-4)$$

式中　S_i——第 i 分包商阶段性支付工程款；

q_{ij}——第 i 分包商完成的第 j 分项工程工程量；

f_{ij}——第 i 分包商第 j 分项工程承包合同综合单价；

S——所有分包工程款。

3）现场管理费用

现场管理费用是指项目部为施工准备、组织施工生产和管理所需费用。

$$F_s = \sum_{i=1}^{n} E_i \times f_{si} + S \times f_{ss} \qquad (5-5)$$

式中　F_s——现场管理费；

E_i——第 i 分项工程直接工程费；

f_{si}——第 i 分项工程现场管理费比率；

S——分包商工程款；

f_{ss}——分包工程现场管理费比率。

4）其他费用

其他费用包括：上级管理费、保险费、利息等各种其他开支。

$$F_0 = (E + S) \times f_0 \qquad (5-6)$$

式中　F_0——其他费用；

f_0——其他费用率；

$E+S$——直接成本。

2. 收款计划

收款计划即业主支付工程款计划。收款计划与工程项目的进度计划和合同确定的付款方式密切相关，记阶段性工程收款为 $I(t)$。

3. 项目部资金缺口

由收款计划和付款计划计算得到项目部的现金流量。

$$G(t) = I(t) - E(t) - S(t) - F_s(t) - F_o(t) \qquad (5-7)$$

式中　$I(t)$——t 阶段的收入；

$F_s(t)$——t 阶段的现场管理费；

$S(t)$——t 阶段的分包商分包工程款；

$E(t)$——t 阶段的自营工程直接工程费；

$F_o(t)$——t 阶段的其他费用；

$G(t)$——t 阶段资金缺口。

5.1.3　集团融资计划

项目部资金缺口、子公司和集团母公司总部的日常开支、日常资金流动及其他收入的加和，与两级资金结算中心的资金盈余加和之间会存在差异。若差异为正，则资金有盈余；若差异为负，则存在资金缺口，需对外融资。

1. 融资计划

设矿建企业集团第 l 子公司，第 l 子公司资金结算分中心可向工程项目分配的盈余资金为 $D_l(t)$，则

$$D_l(t) = N_l(t) + O_l(t) - C_l(t) - F_l(t) \qquad (5-8)$$

式中　$N_l(t)$——t 阶段的盈余资金；

$O_l(t)$——t 阶段的其他收入；

$C_l(t)$——t 阶段的日常开支；

$F_l(t)$——t 阶段的流动资金。

设矿建企业集团资金结算中心可向工程项目分配的盈余资金为 $D_g(t)$，则

$$D_g(t) = N_g(t) + O_g(t) - C_g(t) - F_g(t) - L_g(t) \qquad (5-9)$$

式中　$N_g(t)$——t 阶段矿建企业集团母公司盈余资金；

$O_g(t)$——t 阶段矿建企业集团母公司其他收入；

$C_g(t)$——t 阶段矿建企业集团母公司的日常开支成本；

$F_g(t)$——t 阶段矿建企业集团母公司日常流动资金；

$L_g(t)$——t 阶段矿建企业集团母公司当期偿还银行贷款本息。

记矿建企业集团 t 阶段的资金缺口为 $D(t)$，则

$$D(t) = \sum_{k=1}^{m} G_k(t) + \sum_{l=1}^{n} D_l(t) + D_g(t) \qquad (5-10)$$

若 $D(t)$ 为负，表示需要融资 $-D(t)$，反之则表明集团有盈余资金 $D(t)$。

2. 融资决策

不同的融资方式，由于其资金成本率不同，因此应进行融资组合决策，使融资成本最小化。设 t 阶段第 F 种融资渠道的资金成本率为 R_F，可融资金上限为 U_F。可建立一下融资计划决策模型。

$$\text{min}z = \sum_{F=1}^{n} R_F \times K_F$$

$$s.t. \begin{cases} K_F \leqslant U_F, F = 1,2,n \\ k(t) = \sum_{F=1}^{n} K_F \geqslant |D(t)| \end{cases} \qquad (5-11)$$

式中 $k(t)$ 为 t 阶段矿建企业集团实际融资额。

5.2 设备协同计划体系

5.2.1 设备协同计划体系

矿建企业集团设备协同计划是指项目部根据工程项目进度的需要，编制项目部设备使用需求计划和设备使用追加计划，上报子公司和集团母公司总部，由子公司和集团母公司总部对设备供应存在的缺口，通过采购或租赁的方式进行补充，对设备进行科学合理的调度，实现集团机械设备的高效利用。

设备协同计划包括设备使用计划和设备采购交易计划。其中设备使用计划包括设备使用需求计划和设备使用追加计划；设备采购交易计划包括设备采购计划和设备租赁计划。

矿建企业集团设备协同计划管理流程如图 5-2 所示。

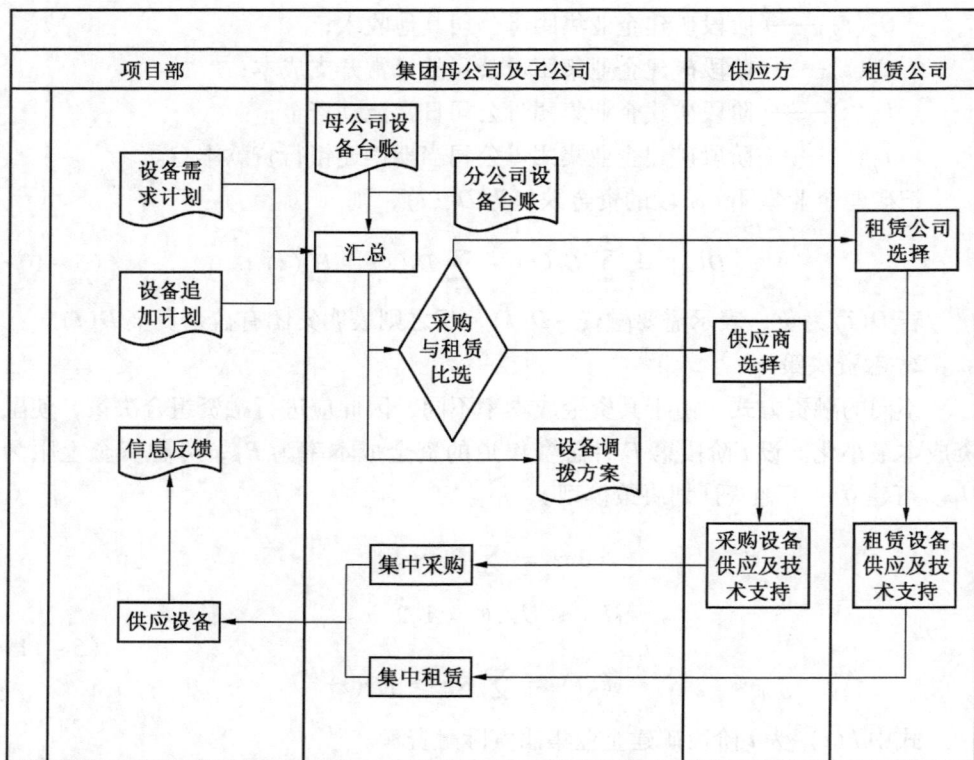

项目部	集团母公司及子公司	供应方	租赁公司

图 5-2　矿建企业集团设备前期管理路线图

5.2.2　采购与租赁的比选

对于矿建企业集团母公司来说，设备租赁或采购选择是设备配置阶段的一个重点工作，也是设备协同计划的关键问题之一。下面本书将对需求未解决的设备采购或租赁比选问题进行研究。

设备租赁是设备承租人，按合同规定按期向设备出租人支付一定费用而取得设备一定期限的使用权的经济活动。

1. 设备租赁与设备购置相比优劣势分析

1）优势

（1）可以用较少资金获得生产急需的设备，同时对先进设备的引进可以增强企业技术研发能力；

（2）完善的技术支持和服务；

（3）保证企业良好的现金流，减少流动资金的占用；

（4）减少通货膨胀和利率波动的投资风险；

（5）设备租金可在所得税前扣除，减少企业税费。

2）劣势

（1）在租赁期间承租人对设备只拥有使用权，无权对设备进行改造、处置、担保、抵押等；

（2）整个租赁周期内租金总额一般比设备购置费用高；

（3）长年支付租金，形成长期负债；

（4）融资租赁合同规定严格，毁约赔账较多。

由此可见，设备购置和设备租赁各有利弊，那么企业应该采用购置方式还是租赁方式获得设备？应该采用何种购置方式或租赁方式？这取决于对两种方式下企业承担的费用和风险的对比及分析。

2. 设备租赁与设备购置的比选分析

计算设备购置（现金购买或贷款购买）和设备租赁的现金流量。

1）设备租赁净现金流量

净现金流量=（销售收入-经营成本-租赁费用-与销售相关的税金）×
　　　　　　（1-所得税率）

$$P_a = (a - b - c - d) \times (1 - i_a) \qquad (5-12)$$

式中　P_a——租赁设备净现金流量；

a——销售收入；

b——经营成本；

c——租赁费用；

d——与销售相关的税金；

i_a——所得税率。

其中租赁费用主要包括租赁保证金、租金和担保费等。租金的计算方法主要有等额支付年金法、等额支付本金法。

（1）等额支付年金法。将一项租赁资产价值按相同比率分摊到未来各租赁期间内。有期末支付和期初支付之分。期初支付要比期末支付提前一期支付租金。

（2）等额支付本金法。将租赁成本除以期数，作为每期应归还的本金。每期应付的利息以前期的本金额为基数计算。等额支付本金法直观、易懂。

2）设备购置净现金流量

净现金流量 = 销售收入 − 经营成本 − 设备购置费 − 贷款利息 − 与销售相关的税金 − 所得税率 ×（销售收入 − 经营成本 − 折旧 − 贷款利息 − 与销售相关的税金）

$$P_b = a - b - e - f - d - i_a \times (a - b - g - f - d) \qquad (5-13)$$

式中　P_b——设备购置净现金流量；

　　　e——设备购置费；

　　　f——贷款利息；

　　　g——设备折旧。

3）设备租赁与购置的经济比选

一般来讲，设备寿命相同时采用净现值法，设备寿命不相同时采用年值法，两种方法都以收益较大或成本较小方案为优。如果设备的经营收入一样，则可直接比较租赁成本和购买成本。从式（5-12）和式（5-13）可以看出，在此只需要比较设备租赁 $i_a \times c - c$ 和设备购置 $i_a \times (g + f) - e - f$。

我国财务制度规定，租赁设备租金可以进入成本；购买设备情况下，设备计提的折旧费可以进入成本；若用借款方式购买设备，借款利息也可以计入成本，企业可由此享受税费的优惠。

3. 应用实例

某矿建企业集团需要某种钻机设备。如果进行设备租赁，每年租赁费 c 是 2100000 元。如果进行设备购置需借款，设备购置费 e 是 8250000 元，借款利率 i_b 是 5%，等额支付本利和，借款期是 15 年。设备使用期是 15 年，设备残值 h 是 200000 元，采用直线法折旧，折旧是 g。企业所得税税率 i_a 是 25%，基准贴现率 i_c 是 10%。

两种方式净现值的分析：

1）购置方案

（1）折旧 $g = (8250000 - 200000)/15 = 536667$（元）；

（2）各年的还本付息见表 5-1。

借款购买方案中，可将借款利息及折旧计入成本从而减少缴纳的企业所得税。设备购置方案的现值：

$P_a = 8250000 - 0.25 \times [536667 \times (P/A, 10\%, 15) + 412500 \times (P/F, 10\%, 1) + 393384 \times (P/F, 10\%, 2) + 373312 \times (P/F, 10\%, 3) + 352236 \times (P/F, 10\%, 4) + 330107 \times (P/F, 10\%, 5) + 306871 \times (P/F, 10\%, 6) + 282473 \times (P/F, 10\%, 7) + 256856 \times (P/F, 10\%, 8) + 229957 \times (P/F, 10\%, 9) + 201714 \times (P/F, 10\%, 10) + 172059 \times (P/F, 10\%, 11) + 140920 \times (P/F, 10\%, 12) + 108225 \times (P/F, 10\%, 13) + 73895 \times (P/F, 10\%, 14) + 37849 \times (P/F, 10\%, 15) - 200000 \times (P/F, 10\%, 15)] = 6690361(元)$

表5-1 各年支付本息表   元

年限	剩余本金	还款金额	其中支付利息	利息现值
1	8250000	794824	412500	375000
2	7867676	794824	393384	325111
3	7466236	794824	373312	280475
4	7044724	794824	352236	240582
5	6602136	794824	330107	204970
6	6137419	794824	306871	173221
7	5649466	794824	282473	144953
8	5137115	794824	256856	119825
9	4599147	794824	229957	97524
10	4034280	794824	201714	77769
11	3441170	794824	172059	60306
12	2818405	794824	140920	44901
13	2164501	794824	108225	31349
14	1477902	794824	73895	19459
15	756973	794824	37849	9061

2）租赁方案

设备租金可计入企业成本从而减缴企业所得说。

$P_b = 2100000 \times (P/A, 10\%, 15) - 2100000 \times 0.25 \times (P/A, 10\%, 15) = 11979575(元)$

由于$P_b > P_a$，所以应该选择设备购置的方式配置设备。

在此需要指出，对于矿建企业集团来讲，其承接的项目很多时候具有相似性，这样某些设备从集团整体来说往往是长期需求的，这种情况下应倾向于选择设备采购方案。

5.3 物资协同计划体系

5.3.1 物资协同计划体系

物资协同计划是对矿建企业集团某一期间所需物资的预测、汇总和组织安排，是物资采购和物资领用工作的依据。

参照第4章的组织机构设置情况，矿建企业集团物资协同计划按照计划的性质分，包括物资需求计划、物资招标计划和物资使用计划；按照计划的对象分，包括项目物资需求计划、采购交易分中心物资需求计划、采购交易中心物资需求计划；按照计划的周期分，包括物资总计划、物资年度计划、物资季度计划、物资月度计划；按照物资招标的对象分，包括项目部招标计划、采购交易分中心物资招标计划、采购交易中心物资招标计划。

5.3.2 物资协同计划的编制

1. 项目物资需求计划的编制

项目部根据工程项目的进度计划，编制项目物资总计划、年度计划、季度计划、月度计划等一系列物资需求计划。

1）项目物资总计划

项目在开工前，项目部根据项目的总体进度计划，根据 WBS 清单从不同的工序中分类汇总生成项目物资总计划。

2）项目物资年度计划

每年末，根据项目的进度计划，项目部上报下一年度的物资年度计划。根据 WBS 分解结构体系和施工组织计划，计算各工序的各类物资计划需求量，编制项目物资年度计划。

3）项目物资季度计划

每季末，根据项目的进度计划，项目部上报下一季度的物资需求计划。其编制原理与项目物资年度计划相似，区别在于统计时间段为季度。

4）项目物资月度计划

每月末，根据项目的进度计划，项目部上报下一月度的物资需求计划。其原理与物资年度、季度计划一致，不同之处是时间段为月度。

矿建企业集团各子公司的物资采购分中心汇总其所辖项目的年度计划、季度计划和月度计划，生成物资采购分中心的年度物资计划、季度计划和月度计划。同样原理，集团母公司的物资采购中心汇总各物资采购分中心的物资年度计划、季度计划和月度计划，生成整个矿建企业集团的物资年度计划、季度计划和月度计划。

2. 物资招标计划的编制

项目部根据项目的进度计划，结合项目月度、季度和年度物资计划，制定和上报物资招标计划，由采购交易分中心和采购交易中心分级审批，审批通过的物资招标计划按照物资的种类、规格、片区分组打包，编制各采购交易分中心和采购交易中心的物资集中招标计划。

1）项目物资招标计划

项目部根据工程项目的实际进度，结合月度、季度、年度物资需求计划，向采购交易分中心上报物资招标计划。

项目物资招标计划编制时，需按照物资的季度计划、年度计划以及物资总计划，科学合理的设定物资招标计划的批量、时间。同时按照就近原则，合理制定物资的供货地点。

2）物资集中招标计划

采购交易中心和采购交易分中心对各项目部上报的物资招标计划进行审批，按照物资的规格型号、片区、采购级别、采购的缓急程度等进行安排，生成采购交易分中心片区集中招标计划和采购交易中心片区集中招标计划。

3. 物资使用计划

物资采购招标完成后，由供货商将物资配送到制定供货地点，相关仓储中心责任部门组织物资验收入库，形成物资库存。各项目部施工单位每天根据实际进度计划填报物资使用计划，项目部物资审核人员进行审批，领料人员根据审批后的物资使用计划单到仓库领取物资，进行施工生产。

5.4　人力资源协同计划体系

资源是企业竞争优势的源泉，而人力资源则是组织中最有价值的资源，是知识与能力的载体，是组织制胜的关键。矿建企业集团以集团母公司—子公司—项目部三级管理组织形式运作，从集团整体来讲，其人力资源协同一般面临着两方面问题：

一是人力资源控制问题，包括人力资源控制的集分权程度、控制层次、控制模式、控制手段以及实施措施等。

二是人力资源协调问题，主要是指如何实现集团内部人力资源的共享，建立集团内部人力资源协调的模式、手段和机制，发挥出人力资源的整体效应。

5.4.1 人力资源控制

1. 人力资源控制模式

1）行为控制

行为控制是矿建企业集团母公司、子公司及项目部之间，上层通过行政控制、行为监督和行为评估来影响下层达成目标所采行的手段，是采用标准化的权责以及由上而下的工作流程与方法对下层进行的监督。行为控制与官僚控制相似，包括上层机构对下层机构的监督与指示，下层机构必须遵守的企业规范、程序等。

2）社会控制

社会控制是矿建企业集团母公司利用企业文化来达成组织目标的控制系统，要在子公司及项目部建立起共同的价值观和信仰环境，影响各级管理者的决策。招聘和培训环节是矿建企业集团人力资源社会控制的重点，通过对这些环节的控制使员工技能和价值观符合企业的要求。

人力资源控制的两种模式，在实践中都存在着优点和缺点，两种控制模式不能孤立存在，彼此之间并非替代关系，而是相辅相成，相互补充的。在人力资源协同中要将这些控制机制进行整合实施，多管齐下，适时调整，以适应矿建企业集团在不同时期的管理环境和需求。

2. 人力资源控制实施方案

1）人力资源规划

人力资源规划是为实现经营的目标，而对人力资源进行分析、识别的过程。因此，根据矿建企业集团控制集分权程度的不同，集团母公司对子公司及项目部人力资源规划方面的干预程度也应有所区分。矿建企业集团人力资源规划控制流程如图 5-3 所示。

矿建企业集团人力资源规划业务流程

母公司人力资源中心	子公司人力资源分中心	项目部

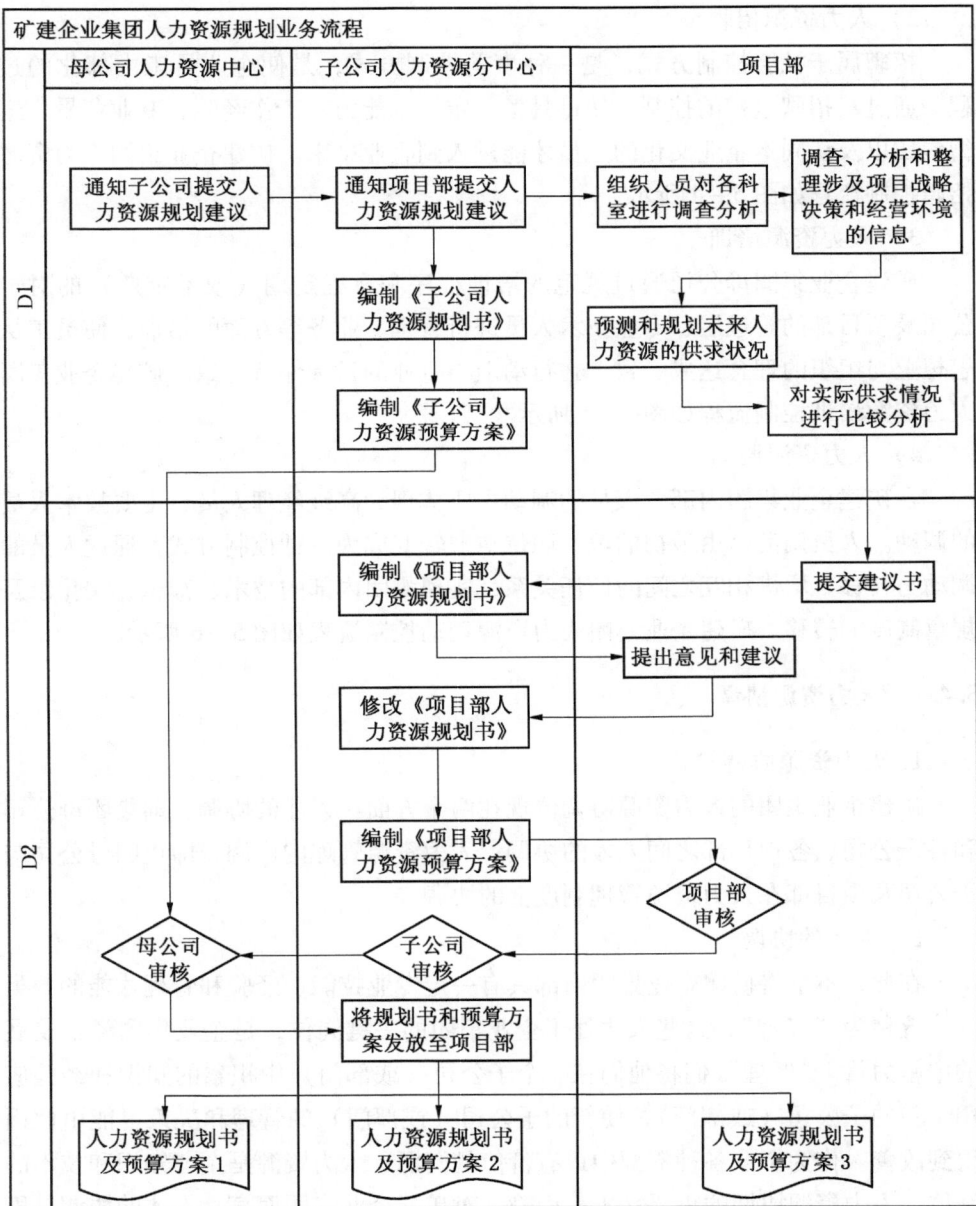

图 5-3 人力资源规划控制业务流程图

2）人力资源招聘

招聘属于社会控制方式，是一种事前控制方式，是使企业员工内部化的过程。通过对招聘过程的控制，使得具备一定技术能力、工作经验、专业背景、道德素质以及认同本企业文化的人员才能进入到企业中来。矿建企业集团人力资源招聘控制流程如图 5-4 所示。

3）人力资源培训

矿建企业集团母公司通过规范的培训程序和章程定期（或不定期）的对子公司及项目部的管理层、专业技术人员进行管理、业务等方面的培训，使员工从思想上与组织的理念达成一致，在行动上与企业的目标保持一致。矿建企业集团人力资源培训控制流程如图 5-5 所示。

4）人力资源调动

在矿建企业集团内部，人员的调动主要体现为高级经理人员、主要技术人员的调动。人员调动已由最初的填补职位空缺转变成为一种控制方式，通过人员的调动与转移，增进相互之间的信任关系，实现集团内部的技术、知识、文化以及规章制度的转移。矿建企业集团人力资源调动控制流程如图 5-6 所示。

5.4.2 人力资源协调

1. 人力资源协调模式

矿建企业集团的人力资源协调体现在两个方面：人才的协调，即集团母公司和各子公司、各项目部之间人才的协调；人力资源管理的协调，即集团母公司与子公司及项目部在人力资源管理制度上的协调。

1）人才的协调

在此，本书将矿建企业集团内部具有一定专业技能、经验和管理才能的各类人才统称为"经理"，这些人才处于企业集团的关键岗位，是企业集团经营发展的中坚力量。"经理"们将他们在一个子公司（或部门）中积累的知识和经验应用于新的子公司（或部门），使新的子公司（或部门）的管理和决策可能由此而得到改善。作为企业各种资源中最有价值的资源，人力资源是企业知识和技术的载体，人力资源协调的重要性不言而喻。对矿建企业集团而言，人才的协调是思维交流和知识碰撞的必要途径。

2）人力资源管理协调

矿建企业集团人力资源招聘业务流程			
	母公司人力资源中心	子公司人力资源分中心	项目部
D1			各职能科室根据项目进展情况提出人员需求 → 填写《项目人员需求表》 → 整理汇总 → 组织人员进行需求分析和职位分析
D2	审批 ←	审批 ← 实施招聘计划	审批 ← 确定招聘需求和招聘方式 → 进行招聘预算 → 编写《项目人员招聘计划书》
D3		内部招聘 外部招聘 / 在企业内部发布招聘信息　通过媒体发布招聘信息	
D4		部门推荐、在储备人才中挑选或员工应聘　收到应聘者简历 / 收集资料、组织相关人员进行审核　筛选简历 / 作出录用决策　通知求职者参加面试	
D5	审批 ←	审批 ← 备案并发布录用通知	组织项目相关科室负责人进行面试 → 对求职者进行初试、复试 → 作出录用决策 审批 ← → 接收录用人员 → 录用人员进入科室

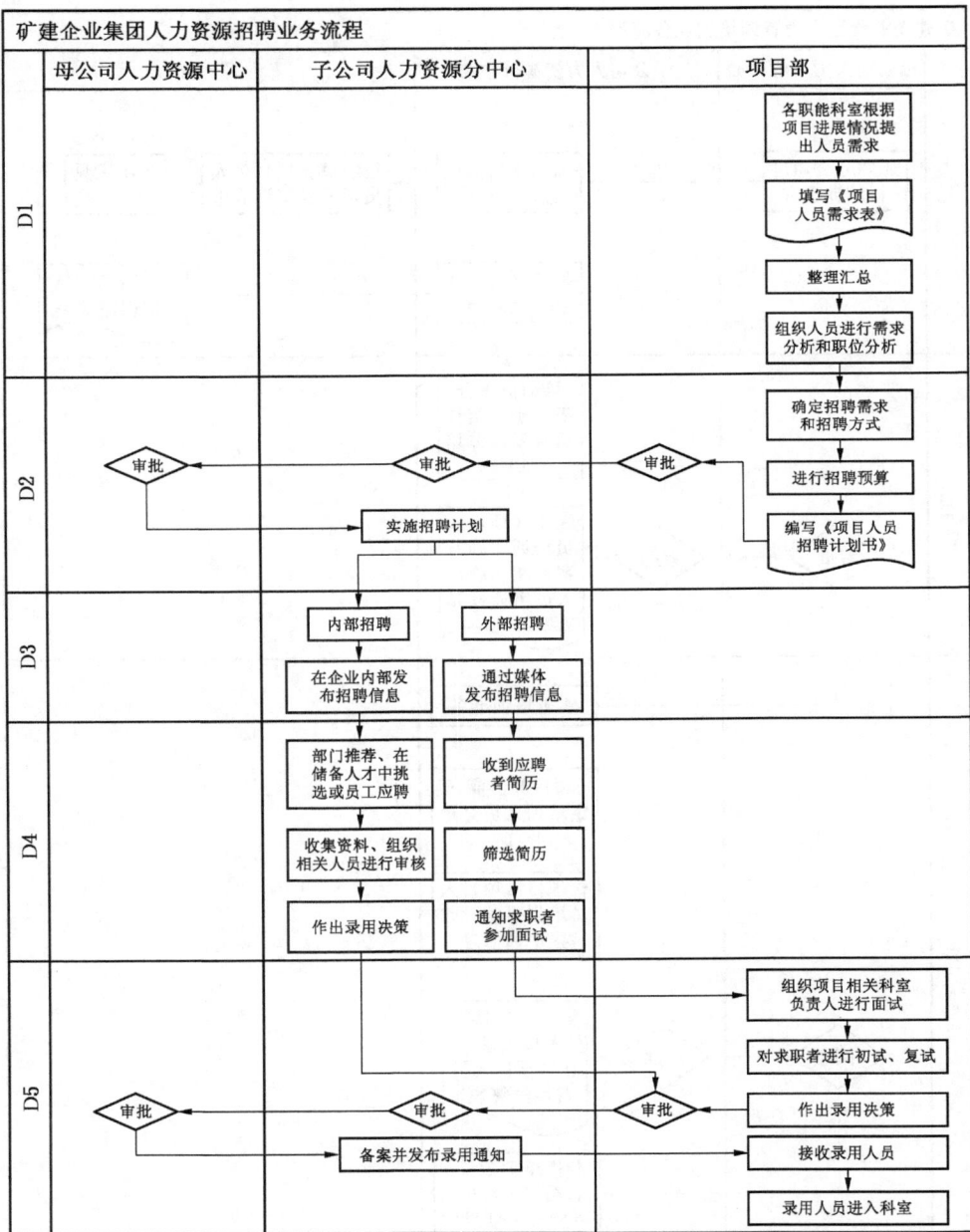

图 5-4　人力资源招聘业务流程图

矿建企业集团人力资源培训业务流程

	母公司人力资源中心	子公司人力资源分中心	项目部
D1	通知分公司进行培训事宜	通知项目部进行培训事宜 → 组织调查项目部人员素质及培训需求 → 提出意见和建议 ↓ 拟定项目部人员培训计划 ← 填写《项目人员培训需求表》	
D2	审批 ←	培训需求分析、确定培训目标及具体培训要求 ↓ 编制《项目人员培训实施方案》和《项目人员培训预算方案》 审批 ←	
D3	审批 ←	实施培训准备 ↓ 同项目部协商,确定培训人员名单 ↓ 管理日常项目人员培训事务、收集培训信息 ↓ 编制《项目人员考核记录表》和《项目人员费用结算表》 审批 ↓ 分析培训效果,总结培训经验,更新员工信息库	

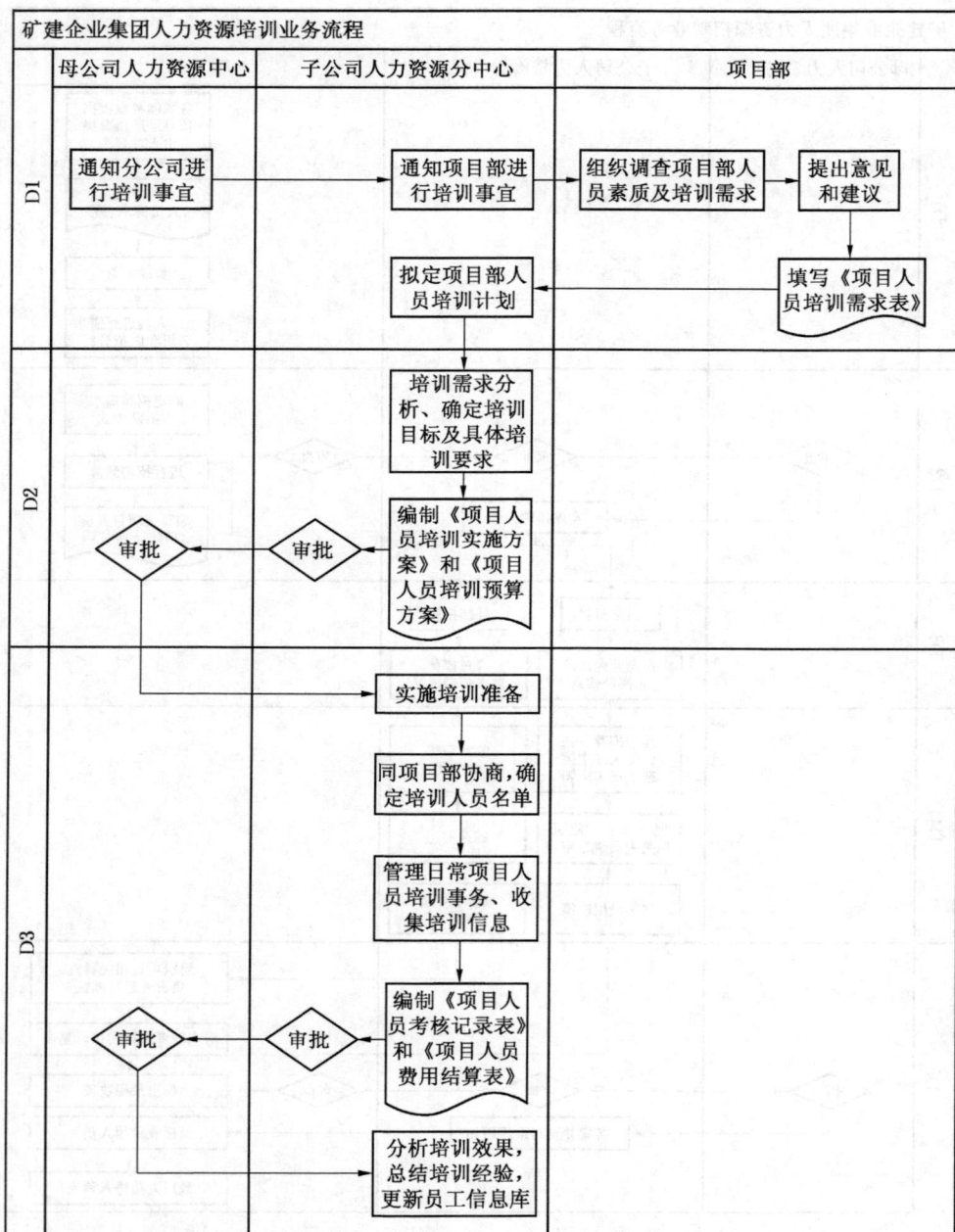

图 5-5 人力资源培训业务流程图

矿建企业集团人力资源调动业务流程

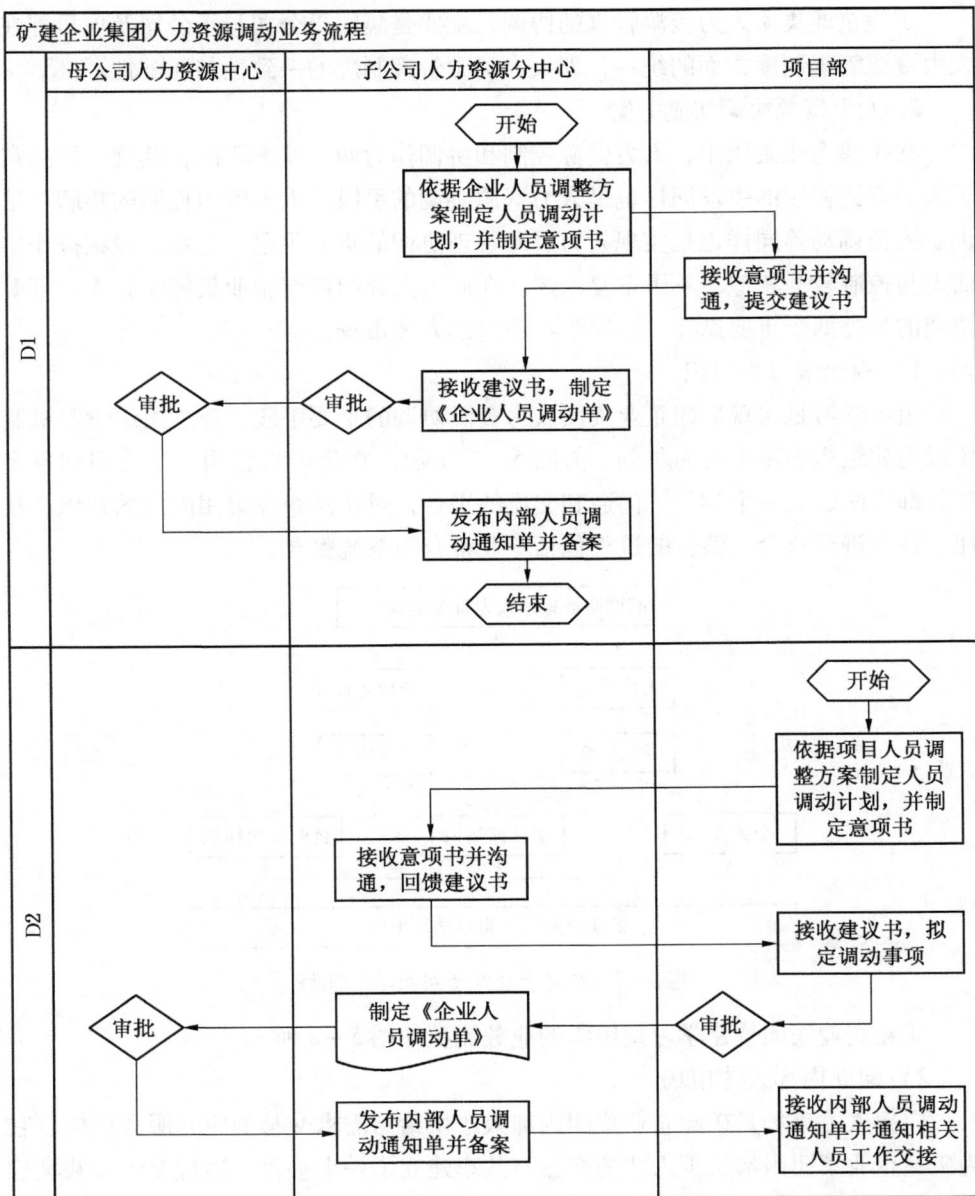

图5-6 人力资源调动业务流程图

　　矿建企业集团人力资源管理的协调，主要是集团母公司与子公司及项目部在人力资源管理制度方面的统一，即人力资源管理制度的一致性与匹配性。

　　2. 人力资源协调实施方案

　　在矿建企业集团中，人力资源控制和协调作为两大基本职能，其统一性决定了人力资源控制的手段同样也是人力资源协调的手段。人力资源控制的招聘、培训、人员调动等同样也是实现人力资源管理协调的重要手段。这些手段在操作层面上与控制较为相似，不予重复论述。在此重点介绍矿建企业集团实施人力资源协调的另外两个重要途径：组织学习和内部人才市场。

　　1）构建学习型组织

　　组织学习是实现矿建企业集团人力资源协调的重要手段，建立组织学习机制要以构建组织学习平台为基础，如图5－7所示。在集团母公司、子公司和各个项目部之间建立一个学习、沟通和交流的平台，对矿建企业集团内部的知识、技能、经验进行整合，整合的过程包括专业整合和系统整合。

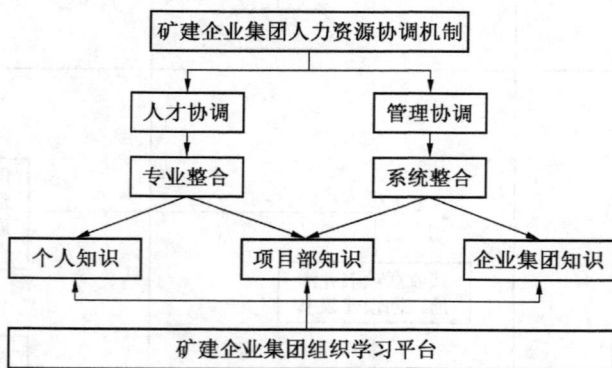

图5－7　矿建企业集团组织学习机制

　　矿建企业集团构建学习型组织的业务流程如图5－8所示。

　　2）建立内部人才市场

　　内部人才市场是矿建企业集团内部人才供给与需求交易的中介服务机构，它为矿建企业集团内部实现人才的交流与共享建立了一个平台，通过交流与共享机制的建立，实现整个矿建企业集团内部人才交流的制度化、规范化以及市场化。内部人才市场的建立主要是促进企业员工在整个企业集团内部的流动，使得人尽其才，企业以最小的成本来获取人力资源的最大价值。

矿建企业集团构建学习型组织业务流程图

母公司人力资源中心	子公司人力资源分中心	项目部

D1

组织人员对各科室专业技术人员的专业知识和职位需求进行调查分析

依据自身专业知识特点，填写需求知识信息表

接收构建方案，会同项目人事科主管协商，提出项目部学习平台构建建议书

依据专业人员档案及职业规划方案，拟定项目知识资源信息库构建方案

拟建项目部组织学习平台

审核　审核　审核

D2

制定《项目部组织学习平台运行规范》

接收平台学习信息，进入平台专业分区

接收子公司学习平台，纳入母公司学习平台运行体系中，制定《母公司学习平台运行手册》

接收项目部学习平台，纳入子公司学习平台运行体系中，制定《子公司学习平台运行手册》

管理日常项目部学习平台，定期更新专业分区人员信息

管理协同母子组织学习平台，形成企业集团知识资源

接收企业知识资源，及时同子公司及母公司沟通，回馈项目部平台人员信息

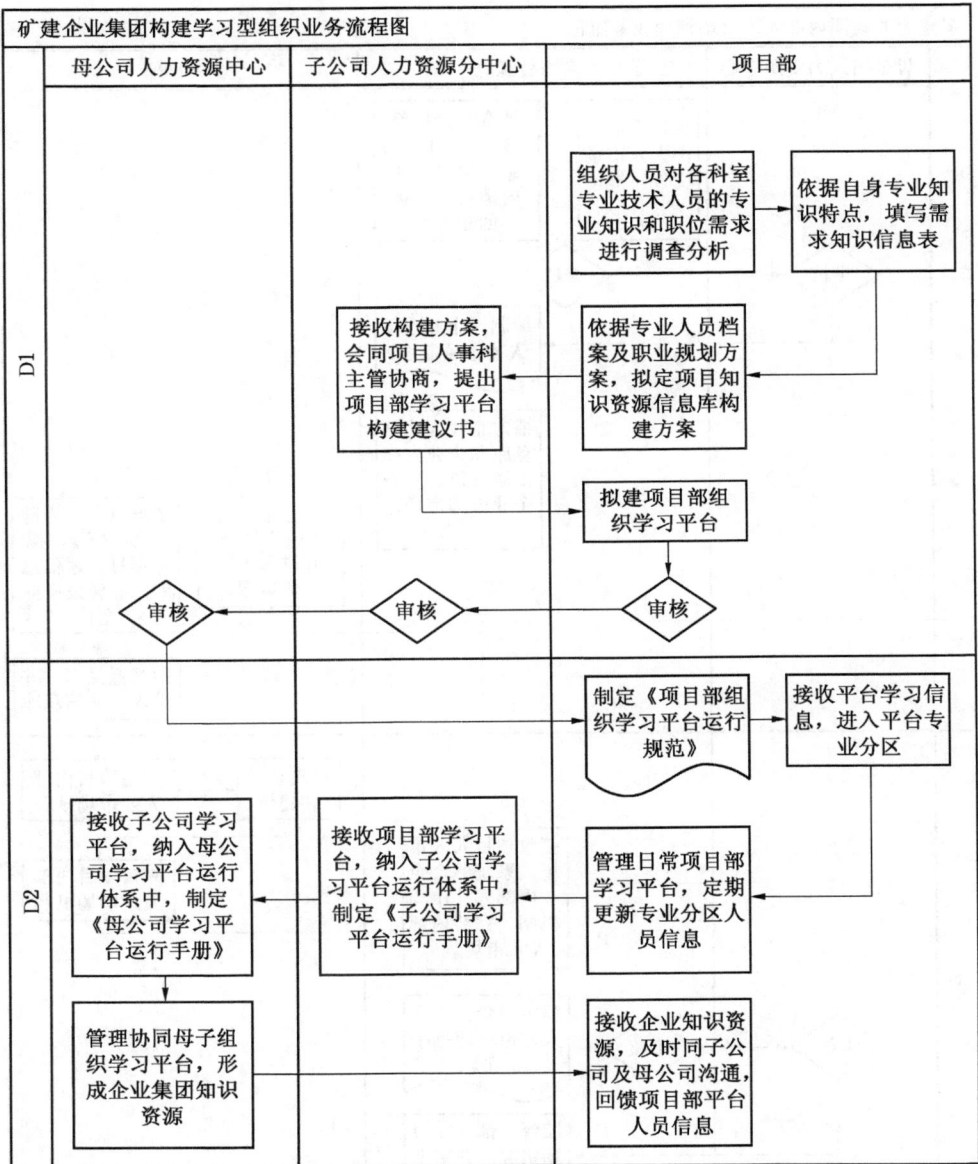

图 5-8 构建学习型组织业务流程图

75

矿建企业集团构建内部人才市场的业务流程如图5-9所示。

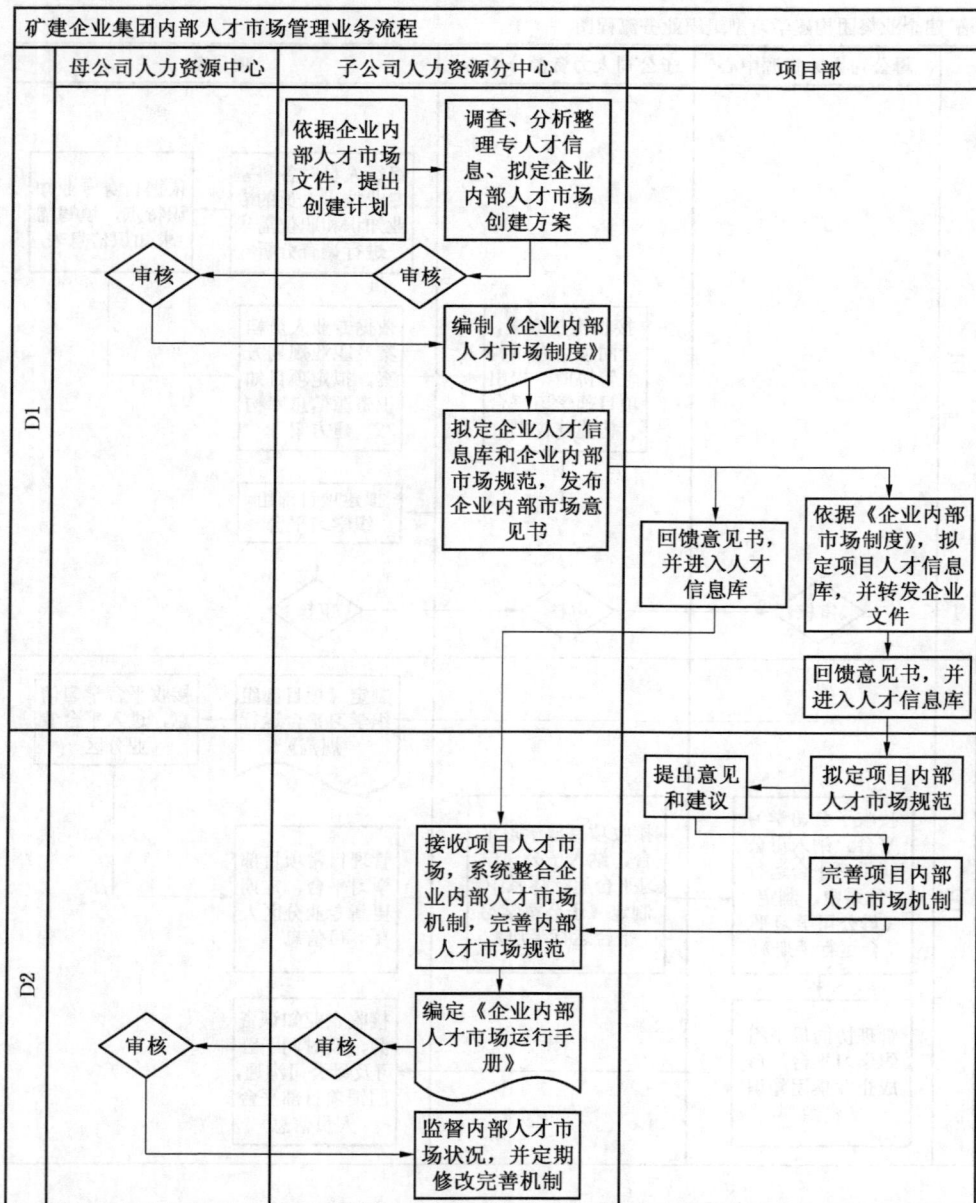

图5-9 构建内部人才市场管理业务流程图

6　基于项目优先级的资源优化
配置体系研究

项目是矿建企业集团运作的基本单元，因此多项目资源优化配置是矿建企业集团资源协同问题的集中体现。作者通过对国内部分矿建企业的实地调研发现，很多矿建企业的多项目资源配置仍停留在传统的经验式配置阶段，能解决的配置问题范围有限，配置结果的科学性和合理性有待提高。鉴于此，本章将围绕矿建企业集团资源优化配置的相关技术进行研究，为资源协同提供方法和模型方面的基础。

6.1　多项目优先级评价体系构建

6.1.1　多项目优先级评价的必要性分析

矿建企业集团资源的有限性和项目所需资源的相似性易使多项目之间发生资源冲突，此时有必要对多项目的优先级进行排序，优先满足优先级高的项目的资源需求。多项目优先级评价应以矿建企业集团战略发展规划和目标为导向，对集团并行实施的多个项目进行综合的分析，判断多项目之间的相对重要性，进行多项目优先级的排序。

（1）矿建工程项目一般具有投资大、周期长、空间跨度大、技术难度高等特点。此种情况下，对多个项目进行计划、组织和控制，管理的难度和复杂性可想而知。某些项目出现问题，将会影响整个矿建企业集团项目组合目标的实现。因此对多项目进行科学的优先级评价，有助于矿建企业集团决策者从集团整体层面和项目组合角度区分不同项目的轻重缓急，有针对性地做出计划和安排。

（2）矿建企业集团多项目管理对资源优化配置要求高。在单个工程项目实施过程中，设计、施工各个环节紧密衔接，各环节内部各个工序、工种的配合和搭接都要求资源的有效调度和配置。一般情况下，矿建企业集团多项目之间的资源需求具有较高的相似性和关联性，各个项目之间在资金、设备、人力等资源上存在共享与竞争并存的关系，此时资源不仅要在单个项目的各工序之间合理流转，也要在各个项目之间有效调配。进行多项目优先级评价可以为资源分配提供科学的依据和参考，有利于矿建企业集团站在全局协同的高度对各个工程项目进行统一的资源管理和分配，从整体上提高整个集团的资源协同利用效率。

综上所述，多项目管理是一个复杂的系统工程，随着项目规模的扩大、项目数量的增加以及项目地域的拓展，矿建企业集团将面临更多、更新的管理、组织和技术等方面的问题。在资源有限、项目并行的情况下，采用科学的评价方法对多项目优先级做出评价，从而协调各个项目的资源需求和进度安排是非常必要的。

6.1.2 多项目优先级评价体系构建流程

1. 明确评价目标

对某一事物开展综合评价，首先要明确为什么要评价，评价事物的哪一方面，评价的精确度要求如何，等等。本书构建的评价体系的评价目标是确定矿建企业集团并行开展的多个项目之间的相对重要性，并对各个项目的优先级进行排序，为资源受限情况下的多项目资源优化配置提供项目优先级方面的依据。

2. 确定评价对象

评价的对象通常是同类事物或同一事物在不同时期的表现，评价对象系统的特点直接决定着评价的内容、方式以及方法。本书反映的多项目优先级评价体系的评价对象为矿建企业集团选定的多个并行工程项目。

3. 确定评价指标

每个评价指标都是从不同方面刻画对象所具有的特征，一系列相互联系的指标构成指标体系，它能够根据研究的对象和目的，综合反映出对象各个方面的情况。矿建企业集团多项目优先级评价指标体系的构建应以企业集团战略目标为导向，结合行业特点以及企业需求进行。

4. 确定指标权重系数

相对于某种评价目的，评价指标之间的相对重要性是不同的。评价指标之间相对重要性程度的差异可以用权重系数反映。当评价对象、评价指标都确定时，优先级排序的结果就依赖于权重系数，权重系数确定的合理与否，直接影响到评价结果的可信程度。一般用 $W = (w_1, w_2, \cdots, w_n)^T$ 表示 n 个指标权重的权重向量，其中 $W_j \leqslant 1$ $(j = 1, 2, \cdots, n)$，$\sum\limits_{i=1}^{n} w_j = 1$。

5. 建立综合评价模型

所谓多指标综合评价就是通过一定的数学模型将多个评价指标值合成为一个整体性的综合评价值。可用于合成的数学方法很多，应根据评价目的及被评价对象的特点来选择合适的合成方法。同时要注意评价方法的内在约束，掌握不同方法的评价类型和适用条件。

6.1.3 多项目优先级评价指标体系构建

6.1.3.1 多项目优先级评价指标体系构建方法

评价指标体系的构建应紧紧围绕多项目优先级评价的目标，遵循指标体系构建的原则，选取具有可比性和可操作性的指标。本书基于平衡计分卡概念模型，采用文献计量法建立多项目优先级评价指标体系。

在指标权重的确定方面，采用专家问卷调查和模糊层次分析法（FAHP），得到主观层面的评价指标权重；实际评价过程中采用熵权法结合评价指标实际数据确定客观层面的指标权重，最后采用乘法原理确定综合考虑主、客观因素的指标组合权重。本书多项目优先级评价指标体系的构建思路和方法见表 6-1。

表 6-1 矿建企业集团多项目优先级评价指标体系构建方法

任务	指标级别	研究方法	目的	研究结果
指标选择	评价维度层指标	理论研究	确定评价的维度	4 个评价维度
	评价要素层指标	文献计量	确定评价要素	12 项评价要素
权重确定	评价维度及评价要素指标	问卷调查	确定评价维度和评价要素的主观相对权重	各评价维度和评价要素的相对权重
		理论研究	得到综合考虑主、客观因素的综合权重	主客观组合权重

6.1.3.2 多项目优先级评价指标体系构建

1. 评价维度层指标

Dennis C. 和 Enzo F. 认为企业应从战略高度选择、评价和实施各个项目，单个项目的顺利完成不足以支持企业战略的实现，只有实现多个项目的目标才能实现企业的战略目标。因此，多项目优先级评价应与企业的战略目标相结合。企业战略管理立足于长远和宏观，考虑的是企业的核心竞争力。企业的单个项目不能承载起企业的战略，只有多项目目标实现才能实现企业战略目标。企业在多个项目并存时，项目间分配资源和制定项目计划主要取决于各项目的优先级。

平衡计分卡（Balanced Score Card，以下简称 BSC）是由 Robert Kaplan 和 David Norton 经过对绩效测评方面处于领先地位的 12 家公司的研究后提出的一种战略管理理论，BSC 能很好地将企业活动与企业战略目标相结合。

BSC 的传统应用领域在于组织绩效考核和评价，而多项目优先级评价衡量的是项目对企业的预期贡献程度，可将其理解为对项目绩效的一种预评价，因此将 BSC 应用于项目优先级评价理论上是可行的。将 BSC 引入多项目优先级评价指标体系的构建，可将企业战略和具体的工程项目联系起来，体现项目组合管理的核心理念——追求项目目标与企业战略目标的一致性，这将有助于企业管理者评估工程项目对企业战略目标的贡献。BSC 以企业战略为核心，将企业整体战略目标在财务、客户、内部流程、学习与成长四个维度进行分解，其核心价值在于平衡和综合考虑各类评价指标，防止管理者以牺牲企业和多项目整体利益为代价，以个别指标决定项目的优先级。

（1）"财务"维度。衡量项目财务状况，各项目财务状况的好坏对企业战略目标的实现有着直接的、显式的影响。

（2）"客户"维度。业主、政府、社会公众等利益相关者的态度往往能对项目的优先级产生重要影响。多项目优先级评价中，客户维度是指业主、政府机构和社会公众等群体的影响。

（3）"内部流程"维度。项目本身实施流程是否顺利会对项目优先级产生重要影响，多项目优先级评价可从资源、进度、技术难度等项目实施流程方面对"内部流程"维度进行考量。

（4）"学习与成长"维度。从战略层面考虑，对组织的发展、员工的成长、企业知识积累和创新有积极影响和贡献的项目，在资源供给方面需给予优先考虑。

2. 评价要素层指标

文献计量学是利用数学、统计学和逻辑学的理论与方法，对各种类型文献的本质和结构，做数量、品质和运用上的研究与分析，揭露和研究文献数量特征和变化规律，进而探讨科学技术发展规律的一门交叉学科。本书运用文献计量学进行文献统计，目的是从前人众多的研究成果中筛选多项目优先级评价因素指标。

在中国知网检索关于多项目优先级评价的中外文文献，搜索到2001—2014年共计36篇文献。采用文献计量学方法，结合专家意见，将研究或提及多项目优先级评价指标的论文篇数占论文总篇数的比例大于40%的因素选出来，作为项目优先级评价要素指标，即超过40%的论文认为该指标应纳入多项目优先级评价指标体系，筛选结果见表6-2。

表6-2 多项目优先级评价指标文献统计表

维度	要素	涉及该要素的篇数	占论文总篇数的比例/%
财务	项目投资额	16	44.44
	项目盈利能力	15	41.67
	项目财务稳定性	16	44.44
	项目违约风险	7	19.44
客户	业主诉求	20	55.56
	相关机构支持	18	50
	项目社会影响	15	41.67
	政策环境风险	6	16.67
	市场风险	5	13.89
项目内部流程	项目工期和进度要求	20	55.56
	项目技术难度	20	55.56
	项目资源需求	18	50
	项目质量要求	8	22.22
	对其他项目支持和依赖度	12	33.33
学习与成长	项目创新水平	8	22.22
	项目经验积累程度	16	44.44
	项目与企业战略一致性	15	41.67
	组织核心竞争力提高	18	50
	员工综合素质水平提升	9	25

由表 6 - 2 可知，符合条件的评价要素指标共有 12 个。在此需要说明，文献中涉及很多指标，其指标命名虽不相同，但指标的含义是一致的，在文中将此类指标进行了合并，例如财务维度中的"投资收益率""内部收益率"等都是关于项目投资的营利性的，文中以"项目盈利能力"指标表述。

根据表 6 - 2 的统计结果，本书构建了多项目优先级评价指标体系，如图 6 - 1 所示。

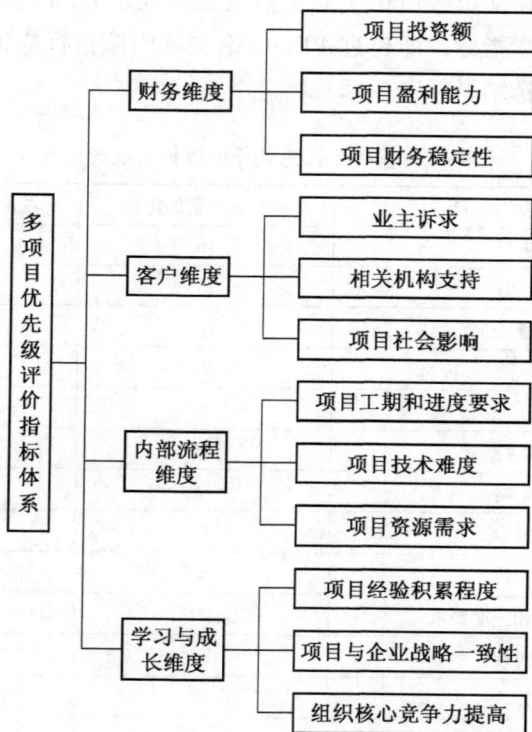

图 6 - 1　多项目优先级评价指标体系图

6.1.4　多项目优先级评价指标权重确定

6.1.4.1　模糊层次分析法（FAHP）

在综合评价中，指标权重的确定至关重要。权重反映了各个指标因素在综合评价过程中的作用和贡献，直接影响综合评价的结果。实践中，由于所评价对象的复杂性以及专家个人知识背景、偏好等因素的影响，评价往往很难用确定的数值进行量化，更普遍的是专家对于评价对象持有一种模糊的认识和判断。因此，本书利用模糊层次分析法（FAHP）确定评价指标权重，这比较符合多项目优先级判定的模糊性特点。

1. FAHP 基本思想

模糊层次分析法（FAHP）是一种将定性与定量分析相结合的方法，其核心思想就是运用简单的两两比较方法对系统中各有关因素进行比较评判，构造不确定模糊判断矩阵，最后通过对这种比较评判结果进行综合计算处理来完成各种评价和分析工作。

2. 三角模糊数及运算法则

（1）三角模糊数 M 可以通过隶属度函数定义为 $\mu_M(x)$：$R \rightarrow [0, 1]$：

$$\mu_M(x) = \begin{cases} \dfrac{1}{m-l}x - \dfrac{l}{m-l} & (x \in [l, m]) \\[2mm] \dfrac{1}{m-u}x - \dfrac{u}{m-u} & (x \in [m, u]) \\[2mm] 0 & (x > u \text{ 或 } x < m) \end{cases} \tag{6-1}$$

式中 $l \leq m \leq u$，l 和 u 分别表示 M 的下界和上界，m 为 M 的中值。一般的，三角模糊数 M 可记为 (l, m, u)。在三角模糊数中，l、u 表示判断的模糊程度。设 $\delta = u - l$，δ 越大表示模糊程度越高，δ 越小表示模糊程度越低；$\delta = 0$ 则表示判断是明确的，非模糊的。

（2）三角模糊数运算法则：

设 $M_1 = (l_1, m_1, u_1)$，$M_2 = (l_2, m_2, u_2)$，$M = (l, m, u)$ 均为三角模糊数。

① $M_1 \oplus M_2 = (l_1, m_1, u_1) \oplus (l_2, m_2, u_2) = (l_1 + l_2, m_1 + m_2, u_1 + u_2)$；

② $M_1 \otimes M_2 = (l_1, m_1, u_1) \otimes (l_2, m_2, u_2) = (l_1 l_2, m_1 m_2, u_1 u_2)$；

③ $\lambda M = \lambda(l, m, u) = (\lambda l, \lambda m, \lambda u)(\forall \lambda \in \mathbf{R})$；

④ $M^{-1} \approx \left[\dfrac{1}{u}, \dfrac{1}{m}, \dfrac{1}{l}\right]$。

$M_1 \geq M_2$ 的可能性程度定义为：

$$V(M_1 \geqslant M_2) = \begin{cases} 1 & (m_1 \geqslant m_2) \\ \dfrac{l_2 - u_1}{(m_1 - u_1)(m_2 - l_2)} & (m_1 \leqslant m_2, \ l_2 \leqslant u_1) \\ 0 & \text{其他} \end{cases} \qquad (6-2)$$

（3）三角模糊数互补判断矩阵：

设判断矩阵 $A = (A_{ij})_{n \times m}$，其中 $A_{ij} = (l_{ij}, m_{ij}, u_{ij})$ 为模糊三角数，并且有 $0 \leqslant l_{ij} \leqslant m_{ij} \leqslant u_{ij} \leqslant 1$，$\forall i, j \in I$。规定当矩阵 A 满足：

① $l_{ii} = m_{ii} = u_{ii} = 0.5 (\forall i \in N)$；

② $l_{ij} + u_{ji} = 1 m_{ij} + m_{ji} = 1 u_{ij} + l_{ji} = 1 (\forall i, j \in N)$。

时称 A 为三角模糊数互补判断矩阵，矩阵中的 A_{ij} 表示方案 x_i 优于 x_j 的程度。

3. 模糊综合程度值

设 $X = \{x_1, x_2, \cdots, x_n\}$ 是一个对象集，$U = \{u_1, u_2, \cdots, u_m\}$ 是目标值，共有 q 位专家进行评价，$r_k (k = 1, 2, \cdots, q)$ 为第 k 位专家评价的权重值，则第 i 个对象满足目标的程度值分别为 $M_{E_i}^1, M_{E_i}^2, \cdots, M_{E_i}^m$，$i = 1, 2, \cdots, n$。这里 $M_{E_i}^j$ 均为三角模糊数。在此定义第 i 个对象关于 m 个目标的综合程度值为：

$$S_i = \sum_{j=1}^{m} M_{E_i}^j \otimes \left[\sum_{i=1}^{n} \sum_{j=1}^{m} M_{E_i}^j \right]^{-1} \qquad (6-3)$$

其中，$M_{E_i}^j = \sum_{k=1}^{q} r_k \cdot M_{E_i}^{jk}$，$M_{E_i}^{jk}$ 为第 k 位专家对于第 i 个对象关于第 j 个目标的评价模糊数。

4. FAHP 的主要步骤

（1）根据评价问题的目标，建立系统递阶层次结构和专家集 $T = \{T_1, T_2, \cdots, T_q\}$。

（2）由专家对评价指标及对象进行两两比较，并用三角模糊数构造模糊判断矩阵。模糊判断矩阵由三角模糊数组成，记为

$$A = (a_{ij})_{n \times m} \qquad a_{ij} = (l_{ij}, m_{ij}, u_{ij}) \qquad 且 \qquad a_{ji} = a_{ij}^{-1} = \left[\frac{1}{u_{ij}}, \frac{1}{m_{ij}}, \frac{1}{l_{ij}} \right]$$

当有 q 位专家进行评判时，a_{ij} 为综合三角模糊数，它是对 q 位专家评判的一种综合，设 $r_k (k = 1, 2, \cdots, q)$ 为第 k 位专家评判的权重值，且有 $\sum_{k=1}^{q} r_k = 1$，$(k = 1, 2, \cdots, q)$。

$$a_{ij} = \left[\sum_{k=1}^{q} r_k l_{ij}^k, \sum_{k=1}^{q} r_k m_{ij}^k, \sum_{k=1}^{q} r_k u_{ij}^k \right] \qquad (6-4)$$

其中 $a_{ij}^k = (l_{ij}^k, m_{ij}^k, u_{ij}^k)$ $(i, j = 1, 2, \cdots, n; k = 1, 2, \cdots, q)$ 表示第 k 位专家给出的三角模糊数。

模糊判断矩阵中三角模糊数的取值可采用 1~9 标度法确定, 三角模糊数的下界 l 和上界 u 可根据模糊程度确定: $u-l$ 越大表示判断越模糊, $u-l$ 越小表示判断越明确。当 $u-l=0$ 时表示判断是非模糊的, 此时 $l=m=u$ 与一般意义的判断标度值相同。判断标度值及其含义见表 6-3。

表 6-3 判断标度值及其含义表

相对重要性判断	标度 (m_{ij})	模糊度 ($u_{ij} - l_{ij}$)
x_i 与 x_j 同等重要	0.5	模糊度是专家给出的评判标度值的可能范围, 其中模糊度越大, 专家对其给出的标度值越模糊
x_i 比 x_j 重要	>0.5	
x_i 不如 x_j 重要	<0.5	

其中 $0 \leq l_{ij} \leq m_{ij} \leq u_{ij} \leq 1$。

(3) 对各模糊判断矩阵进行处理, 计算其中各个元素的综合重要程度值。

(4) 层次单排序。对各模糊判断矩阵, 计算第 i 个元素 A 比其他元素重要的可能性程度, 即

$$d'(A_i) = \min V(S_i \geq S_j) \quad i, j = 1, 2, \cdots, n; i \neq j \qquad (6-5)$$

由此得到

$$W' = [d'(A_1), d'(A_2), \cdots, d'(A_n)]^T \qquad (6-6)$$

然后进行归一化处理得到

$$W = [d(A_1), d(A_2), \cdots, d(A_n)]^T \qquad (6-7)$$

式中 $d(A_i) = \dfrac{d'(A_i)}{\sum\limits_{i=1}^{n} d'(A_i)}$。

(5) 层次总排序。将评价指标相对于总目标的权重向量与评价对象相对于评价指标的权重矩阵相乘, 计算得到总排序向量, 总排序向量中各分量即为各评价对象在总目标下的综合得分。

（6）根据综合得分，确定各评价对象的优劣或排序。

6.1.4.2 基于 FAHP 的多项目优先级评价指标权重确定

本书选择中煤第三建设集团、中煤第五建设集团、兖矿集团东华建设有限公司以及部分高校矿建项目管理专业领域的专家学者发放问卷，调查对象为具有10 年以上工作经验的从业人员或研究人员（在此假设所有专家评价权重相等），共发出问卷 40 份，收回问卷 35 份。在对问卷数据整理的基础上，采用上文介绍的 FAHP 指标权重计算模型和方法，计算得到各层级单排序和总排序，最终确定了各个评价指标的权重，见表 6-4。

表 6-4 指标权重系数表

目标层	准则层（评价维度）	单层权重	指标层（评价要素）	单层权重	总权重
多项目优先级评价	财务维度	0.4230	项目投资额	0.2334	0.0987
			项目盈利能力	0.5396	0.2283
			项目财务稳定性	0.2270	0.0960
	客户维度	0.2274	业主诉求	0.6370	0.1448
			相关机构支持	0.2583	0.0587
			项目社会影响	0.1047	0.0238
	内部流程维度	0.2274	项目工期和进度要求	0.2098	0.0477
			项目技术难度	0.2403	0.0546
			项目资源需求	0.5499	0.1250
	学习与成长维度	0.1222	项目经验积累程度	0.2493	0.0305
			项目与企业战略一致性	0.5936	0.0725
			组织核心竞争力提高	0.1571	0.0192

从准则层相对于目标层权重方面来看，"财务"维度权重最大（0.4230），这说明目前矿建企业集团的管理者在多项目优先级评价中最关注的是项目的经济利益；"客户"维度和"学习与成长"维度的重要性稍低（同为0.2274），"内部流程"维度的权重最低（0.1222），此种权重分布情况可能由两方面原因：一方面因为"客户"维度和"学习与成长"维度与企业集团总部层面的联系更为紧密，"内部流程"维度属于项目层面的要素，接受调查的矿建企业集团管理者

可能并不直接负责项目内部流程的相关工作，因此关注度较少；另一方面也因为项目优先级评价主要考虑企业集团整体和长期利益，因此代表单个项目利益的项目内部流程维度的重要性就显得低一些。

"财务"维度方面：由于"项目盈利能力"指标是考察项目财务能力最直接的要素，因此该指标的权重最高（0.5396）。"项目投资额"（0.2334）与"项目财务稳定性"（0.2270）的权重基本相当，稍低于"项目的盈利能力"指标。项目投资额大小在一定程度上代表了项目规模的大小，同时良好的项目现金流（财务稳定性）代表了矿建企业集团资金周转的能力，这两个评价指标在多项目优先级评价体系中都是比较重要的。

"客户"维度方面：本书中的"客户"概念包含了业主、政府和社会公众三方。"业主诉求"的比重较大（0.6370），"相关机构支持"（0.2583）次之，"项目社会影响"的权重最小（0.1047）。业主是项目的投资方，是工程项目的直接客户，其要求一般会得到足够的重视；政府的支持与否，是项目能否顺利进行的重要前提；公众的态度和行为一般很难直接影响到项目本身，因而对其重要性认知比较低。

"内部流程"维度："项目资源需求"权重最大（0.5499），"项目工期和进度要求"（0.2098）、"项目技术难度"（0.2403）这两个指标的权重基本相当，低于"资源需求"指标。多项目优先级评价的主要目的之一是在企业的多个项目之间合理、科学地分配有限资源，因此，项目的资源需求是多项目优先级评价的重点考虑因素。

"学习与成长"维度："项目与企业战略一致性"权重较大（0.5936），这说明矿建企业集团管理者在多项目优先级评价中更关注企业集团战略发展和长远目标。"经验积累程度"（0.2493）和"组织核心竞争力提高"（0.1571）的权重较低。这两项要素关联密切，经验积累对组织核心竞争力提升起正向促进作用。

6.1.4.3 多项目优先级评价指标权重调整

1. 熵权法

熵可用来度量系统状态获取信息源的不确定程度。系统熵值越大，系统所具有的不确定性越大，其所能提供的有效信息量越少。根据熵理论，人们在决策中获得的信息的量和质决定决策的精确性和可靠性。

根据熵理论，当系统有 n 种可能状态，每种状态出现的概率为 $p_i(i=1,$

$2,\ \cdots,\ n$），则该系统的熵为 $E = -\sum_{i=1}^{n} p_i \ln p_i \left(0 \leqslant p_i,\ \sum_{i=1}^{n} p_i = 1 \right)$。

在给定多项目优先级评价指标之后，熵可以反映某一指标在各个项目中的数值差异情况。这些差异越大，则熵值越小，说明该指标向决策者提供了较多的有用信息，该指标在项目优先级评价中的作用就越大，应赋予较大的权重；反之，差异越小，熵值越大，应该赋予较小的权重，在此称这种根据指标反映信息量确定的权重为指标熵权。

假设某矿建企业集团需要对 m 个并行项目进行优先级评价，根据本书建立的评价指标体系，共有 n 个评价要素构成了原始决策矩阵 $X' = (x'_{ij})_{m \times n}$，$x'_{ij}$ 表示第 i 个项目的第 j 个评价指标的实际数值，其中 $i = 1,\ 2,\ \cdots,\ m$；$j = 1,\ 2,\ \cdots,\ n$。

1）决策矩阵规范化

为消除各指标量纲不同对决策带来的影响，需对决策矩阵 X' 进行标准化处理以消除量纲，形成标准化矩阵 $X = (x_{ij})_{m \times n}$。根据指标性质的不同，可将指标分为两类，一类是正指标或效益型指标，此类指标值越大越优，另一类是逆指标或成本型指标，此类指标越小越优。

通过式（6－8）对决策矩阵 X' 进行规范化处理可得到决策矩阵 $X = (x_{ij})_{m \times n}$。

$$X_{ij} = \begin{cases} \dfrac{x'_{ij} - \min\{x'_{ij} \mid i=1,\ 2,\ \cdots,\ m\}}{\max\{x'_{ij} \mid i=1,\ 2,\ \cdots m\} - \min\{x'_{ij} \mid i=1,\ 2,\ \cdots m\}} & \text{第 } j \text{ 个指标为效益型指标} \\[4mm] \dfrac{\max\{x'_{ij} \mid i=1,\ 2,\ \cdots,\ m\} - x'_{ij}}{\max\{x'_{ij} \mid i=1,\ 2,\ \cdots,\ m\} - \min\{x'_{ij} \mid i=1,\ 2,\ \cdots m\}} & \text{第 } j \text{ 个指标为成本型指标} \end{cases}$$

$$(6-8)$$

2）熵值的确定

对于某个指标 j，x_{ij} 的值差异越大表明该指标能提供的有用决策信息越多。

记第 j 项指标下第 i 个评价对象的特征比重为 f_{ij}，$f_{ij} = \dfrac{x_{ij}}{\sum\limits_{i=1}^{m} x_{ij}}$，其中 $i = 1,\ 2,\ \cdots,\ m$；$j = 1,\ 2,\ \cdots,\ n$。由于 $0 \leqslant x_{ij} \leqslant 1$，所以有 $0 \leqslant f_{ij} \leqslant 1$。可通过式（6－

9）确定各指标的熵值。

$$H_j = -\frac{1}{\ln m}\sum_{i=1}^{m} f_{ij}(\ln f_{ij}) \qquad (6-9)$$

其中：$0 \leqslant H_j \leqslant 1$；当 $f_{ij} = 0$ 或 $f_{ij} = 1$ 时，令 $f_{ij}\ln(f_{ij}) = 0$。

3）熵权的确定

通过熵值的计算公式可知，某一个指标 j，x_{ij} 的值差异越小，H_j 就越大。当各评价对象第 j 项指标值全部相等时，$H_j = H_{\max} = 1$。根据熵的概念，各评价对象第 j 项指标值差异越大，表明该指标反映的信息量越大，应赋予的权重越大，熵值与权重系数呈反向变化关系。为便于表达，定义差异系数 $d_j = 1 - H_j$，d_j 越大，该指标提供的信息量越大，越应赋予较大的权重系数。

设各指标的熵权系数为 $W' = (w'_j)_{1 \times n}$，其中

$$w'_j = \frac{d_j}{\sum\limits_{j=1}^{n} d_j} \quad j = 1,2,3,\cdots,n \quad 且 \quad \sum_{j=1}^{n} w'_j = 1 \qquad (6-10)$$

2. 组合赋权法

根据计算权重时原始数据的来源划分，指标权重确定方法有主观赋权法和客观赋权法两大类。主观赋权法，即权重计算的原始数据来源于评估者的主观判断，如主观加权法、专家调查法、层次分析法等。客观赋权法，即计算权重的原始数据来源于各评价指标的实测数据，如本书介绍的熵权法等。这两类方法各有优缺点，不能盲目片面的说孰优孰劣。主观赋值法的客观性较差，但解释性强；客观赋值法确定的权重在大多数情况下精确度较高，但有时会与实际情况相悖，对所得到的结果难以给出明确的解释。在此，本书将主观赋权法和客观赋权法得到的权重进行加权得到组合权重，做到兼顾评价者的主观偏好和评价对象的客观信息。

本书采用主客观结合的组合赋权法，将通过问卷调查和 FAHP 法获取专家意见的主观赋权法与熵权法相结合，获取多项目优先级评价指标的组合权重。本书采用乘法合成方法，因为乘法合成会使大者更大，小者更小，适用于指标较多，权重分布比较均匀的场合。本书构建的优先级评价指标体系包含 12 项评价要素指标，各要素主观权重差异不大，因此可以采用与客观权重（熵权）乘法合成的方式，放大指标之间的重要程度差异。

记主观权重 $W^l = (w_j^l)_{1 \times n}$，组合权重为 $W = (w_j)_{1 \times n}$，则

$$w_j = \frac{w_j^l \times w'_j}{\sum_{j=1}^{n} (w_j^l \times w'_j)} \qquad (6-11)$$

则评价指标加权值为

$$z_{ij} = w_i \times x_{ij} \qquad (6-12)$$

6.1.5 多项目优先级评价模型构建

6.1.5.1 评价指标量化方法

多项目优先级评价指标可以分为定量指标和定性指标，如项目合同额大小为定量指标，项目的财务稳定性等属于定性指标。对于定量指标来说，只需获得其实际值即可；对于定性指标可采取"直接评分法"进行量化，例如将"项目的财务稳定性"划分为"很差、较差、一般、较好、很好"5个等级，分别赋予1、2、3、4、5分。在对该指标进行量化时，可根据项目实际情况选取某一个等级直接进行赋值。

6.1.5.2 基于 TOPSIS 法的多项目优先级排序评价模型

TOPSIS 法（Technique for Order Preference by Similarity to Ideal Solution）是一种解决多属性决策问题的常用方法。它需要事先设定一个合理的分类标准，即分别设定正理想解和负理想解，通过计算待评价项目与理想解和负理想解的相对距离来进行排序。在此，理想解是指评价项目集中虚拟的最优项目，负理想解是虚拟的最差项目。将各个待评价项目与理想解和负理想解的距离进行比较，则靠近理想解同时又远离负理想解的项目就是整个待评价项目集中优先级最高的项目。

记理想解为 X^*，负理想解为 X^0。设理想解 X^* 的第 j 个指标值为 X_j^*，负理想解的第 j 个指标值为 X_j^0。

$$理想解\ X_j^* = \begin{cases} \max\{x_{ij} \mid i=1, 2, \cdots, m\} & j\ 为效益型指标 \\ \min\{x_{ij} \mid i=1, 2, \cdots, m\} & j\ 为成本型指标 \end{cases} \qquad (6-13)$$

$$负理想解\ X_j^* = \begin{cases} \min\{x_{ij} \mid i=1, 2, \cdots, m\} & j\ 为效益型指标 \\ \max\{x_{ij} \mid i=1, 2, \cdots, m\} & j\ 为成本型指标 \end{cases} \qquad (6-14)$$

设各个项目到理想解的距离为 d_i^*，到负理想解的距离为 d_i^0，则

$$d_i^* = \sqrt{\sum_{j=1}^{n} (X_{ij} - X_j^*)^2} \quad i = 1, 2, \cdots, m \qquad (6-15)$$

$$d_i^0 = \sqrt{\sum_{j=1}^{n} (X_{ij} - X_j^0)^2} \quad i = 1, 2, \cdots, m \qquad (6-16)$$

设各个项目的综合评价得分为 C_i^*，则

$$C_i^* = \frac{d_i^0}{d_i^0 + d_i^*} \quad i = 1, 2, \cdots, m \qquad (6-17)$$

C_i^* 综合考虑了某一项目 i 各指标到理想解和负理想解的距离，显然 C_i^* 越大项目优先级越高。

综上所述，本书构建的矿建企业集团多项目优先级评价体系包含评价指标体系和综合评价模型两部分，体系构造及应用流程如图 6-2 所示。

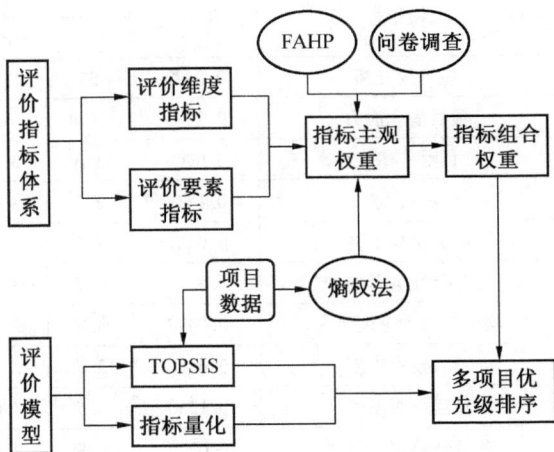

图 6-2 多项目优先级评价体系应用流程图

6.1.5.3 多项目优先级的动态性管理

在此需要指出，对于矿建工程项目来说，由于矿建的主体工程在地下，地质和水文条件复杂且难以准确把握规律，因而工程面临的不确定因素较多，技术上的多变性会直接导致进度、质量、成本等方面的指标变化，即项目的优先级是动态性的，因此多项目优先级评价工作应该与各种资源的优化配置工作动态匹配进行，以保证项目优先级的真实性和可靠性。

6.1.6 多项目优先级评价实例

某矿建企业集团现有 4 个项目并行开展，现需要对正在实施的 4 个项目进行优先排序，以便合理进行资源规划和进度安排。

1. 指标量化

该矿建企业集团组成了 8 人评价小组对这 4 个项目（标为 P1、P2、P3 和 P4）进行项目优先级评价。8 名专家对 4 个项目针对 12 个评价要素指标分别进行了评价。收集项目数据及 8 位专家对评价要素的评分，得到了评分统计表，见表 6 − 5。

表 6 − 5　矿建企业集团项目信息表

一级指标	二级指标	标准化权重	各项目评价要素指标值			
			P1	P2	P3	P4
财务维度	项目投资额	0.0987	53	67	72	75
	项目盈利能力	0.2283	13.8	10.6	12.1	12.0
	项目财务稳定性	0.0960	3.6	3.1	2.3	4.1
客户维度	业主诉求	0.1448	2.3	4.5	2.5	3.7
	相关机构支持	0.0587	4.5	4.2	4.0	3.5
	项目社会影响	0.0238	4.7	3.1	3.3	3.8
内部流程维度	项目工期和进度要求	0.0477	3.2	3.9	4.1	3.3
	项目技术难度	0.0546	3.9	2.5	4.1	2.1
	项目资源需求	0.1250	3.5	4.6	4.7	2.5
学习与成长维度	项目经验积累程度	0.0305	4.8	4.9	2.6	4.0
	项目与企业战略一致性	0.0725	3.7	3.0	3.4	2.5
	组织核心竞争力提高	0.0192	3.4	4.2	2.5	4.2

表 6 − 5 中，"项目财务稳定性""业主诉求"等主观指标采用 1 − 5 标度法进行量化，表中各项目此类指标值为 8 位专家评分的算数平均值；"标准化权重"列为采用 FAHP 法计算求得的 12 个评价元素指标的主观权重系数。

2. 优先级排序

（1）原始规范矩阵。根据表 6 − 5 所示的各项目的评价指标值，得到原始规

范矩阵 X'。

$$X' = \begin{bmatrix} 53 & 13.8 & 3.6 & 2.3 & 4.5 & 4.7 & 3.2 & 3.9 & 3.5 & 4.8 & 3.7 & 3.4 \\ 67 & 10.6 & 3.1 & 4.5 & 4.2 & 3.1 & 3.9 & 2.5 & 4.6 & 4.9 & 3.0 & 4.2 \\ 72 & 12.1 & 2.3 & 2.5 & 4.0 & 3.3 & 4.1 & 4.1 & 4.7 & 2.6 & 3.4 & 2.5 \\ 75 & 12.0 & 4.1 & 3.7 & 3.5 & 3.8 & 3.3 & 2.1 & 2.5 & 4.0 & 2.5 & 4.2 \end{bmatrix}$$

（2）决策矩阵规范化。按式（6-8）将 X' 进行规范化处理得到 X。

$$X = \begin{bmatrix} 0 & 1 & 0.72 & 0 & 1 & 1 & 0 & 0.1 & 0.45 & 0.96 & 1 & 0.53 \\ 0.64 & 0 & 0.44 & 1 & 0.7 & 0 & 0.78 & 0.8 & 0.95 & 1 & 0.42 & 1 \\ 0.86 & 0.47 & 0 & 0.09 & 0.5 & 0.13 & 1 & 0 & 1 & 0 & 0.75 & 0 \\ 1 & 0.44 & 1 & 0.64 & 0 & 0.44 & 0.11 & 1 & 0 & 0.61 & 0 & 1 \end{bmatrix}$$

（3）指标熵值确定。根据式（6-9）计算确定各指标的熵值 H。

$H = \begin{bmatrix} 0.78 & 0.74 & 0.76 & 0.60 & 0.76 & 0.61 & 0.63 & 0.62 & 0.75 & 0.78 \\ 0.75 & 0.77 \end{bmatrix}$

（4）指标熵权确定。根据式（6-10）计算确定各指标的熵权 W'。

$W' = \begin{bmatrix} 0.06 & 0.08 & 0.07 & 0.12 & 0.07 & 0.11 & 0.11 & 0.11 & 0.07 & 0.06 \\ 0.07 & 0.07 \end{bmatrix}$

（5）确定指标权重并构造加权规范矩阵。由表6-5可得本算例中主观权重 W^l 如下。

$W^l = \begin{bmatrix} 0.0987 & 0.2283 & 0.096 & 0.1448 & 0.0587 & 0.0238 & 0.0477 & 0.0546 \\ 0.125 & 0.0305 & 0.0725 & 0.0192 \end{bmatrix}$

利用式（6-11）计算得到各指标的组合权重 W。

$W = \begin{bmatrix} 0.0711 & 0.2194 & 0.0807 & 0.2087 & 0.0494 & 0.0314 & 0.063 & 0.0721 \\ 0.1051 & 0.022 & 0.061 & 0.0161 \end{bmatrix}$

根据式（6-12）构建加权规范矩阵 Z 如下。

$$Z = \begin{bmatrix} 0 & 0.2194 & 0.0581 & 0 & 0.0494 & 0.0314 & 0 & 0.0072 & 0.0473 & 0.0211 & 0.061 & 0.0085 \\ 0.0455 & 0 & 0.0355 & 0.2087 & 0.0346 & 0 & 0.05 & 0.0577 & 0.0998 & 0.022 & 0.0256 & 0.0161 \\ 0.0611 & 0.1031 & 0 & 0.0188 & 0.0247 & 0.0041 & 0.06 & 0 & 0.1051 & 0 & 0.0458 & 0 \\ 0.0711 & 0.0965 & 0.0807 & 0.1336 & 0 & 0.0138 & 0.01 & 0.0721 & 0 & 0.0134 & 0 & 0.0161 \end{bmatrix}$$

（6）确定各个理想解和负理想解。根据式（6-13）和式（6-14）分别确定理想解和负理想解，并根据式（6-15）和式（6-16）分别计算各项目到理

想解距离 D^* 和到负理想解距离 D^0 。

$$D^* = \begin{bmatrix} 0.2370 & 0.2493 & 0.1791 & 0.2113 \end{bmatrix}$$

$$D^0 = \begin{bmatrix} 0.2562 & 0.2555 & 0.1791 & 0.1846 \end{bmatrix}$$

（7）计算各项目的综合评价得分。根据式（6-17）计算各项目的综合评价得分 C_i^* 。

$$C^* = \begin{bmatrix} 0.5195 & 0.5061 & 0.5000 & 0.4663 \end{bmatrix}$$

根据综合评价得分 C_i^* 对 4 个项目的优先级进行排序，得到项目的优先级排序为：

项目 P1 >项目 P2 >项目 P3 >项目 P4

6.2 基于项目优先级的资源优化配置模型研究

矿建企业集团多项目管理中，项目之间对资源的竞争和共享同时存在，多项目的资源冲突难以消除。多项目管理机制下，项目经理往往只是考虑如何满足所辖单个项目的资源需求，而企业集团高层决策者则必须站在全局发展的角度，综合考虑项目优先级，统一规划和调配企业集团内外部的可用资源。

对于项目资源优化配置这一问题，国内外众多学者对单个项目资源配置以及资源受限下多项目资源配置进行了研究，涌现出大量研究成果。对这些文献进行梳理发现，多数研究针对的是如何在满足项目内部各工序逻辑约束和所有项目的资源需求约束的前提下，通过优化各项目工序的进度安排以实现多项目整体工期的优化，并且过于强调调度方法的研究。而立足矿建企业集团战略层面，实现关键资源多项目之间优化配置这一问题的研究相对较少。

考虑矿建企业集团多项目管理的客观需求，结合前人对多项目资源优化配置的研究成果，本章围绕矿建企业集团全局和战略视角下的资金、设备和人力资源多项目优化配置问题展开研究，满足不同项目对资源的需求，实现企业集团整体利益的最大化。

6.2.1 资金优化配置模型

1. 问题描述

多项目的资金调配是矿建企业集团一类重要而又普遍的问题。矿建企业集团总部分配项目资金时，不仅要考虑项目的投资收益，而且要考虑投入资金的回笼能力。出于以上两点考量，本书构建了矿建企业集团多项目资金集中优化调度模型。

按照工程项目责任体系划分和项目成本核算对象划分，本书将各项目分项工程按照项目部自建、分包商分包进行分类，分为可以核算的自营工程和专业分包工程。

2. 建立模型

$$
\max z = \left[\sum_{k=1}^{m} \left(RE_k \times E'_{kt} + \sum_{j=1}^{n_k} RC_{kj} \times C'_{kjt} \right) \times (1 - RL_k) \right] \times \alpha_1 + \left\{ \sum_{k=1}^{m} \left\{ E'_{kt} \times \right. \right.
$$

$$
\left[1 + RE_k \times (1 - RL_k) \right] + \sum_{j=1}^{n_k} C'_{kjt} \times \left[1 + \right.
$$

$$
\left. RC_{kj} \times (1 - RL_k) \right] \right\} \times B_k \bigg\} \times \alpha_2 \tag{6-18}
$$

$$
s.t. \begin{cases} \displaystyle\sum_{k=1}^{m} \left(E'_{kt} + \sum_{j=1}^{n_k} C'_{kjt} + F'_{kgt} + F'_{kot} \right) \leq FM(t)' + \left[\sum_{i=1}^{l} D_i(t) + D_g(t) \right] & (6-19) \\[2mm] 0 \leq E''_{kt} \leq E'_{kt} \leq E_{kt} & (6-20) \\[2mm] 0 \leq C''_{kjt} \leq C'_{kjt} \leq C_{kjt} & (6-21) \\[2mm] 0 \leq F''_{kgt} \leq F'_{kgt} \leq F_{kgt} & (6-22) \\[2mm] 0 \leq F''_{kot} \leq F'_{kot} \leq F_{kot} & (6-23) \\[2mm] RL_k = \begin{cases} \text{常数 } RL'_k, \; \left(E'_{kt} + \displaystyle\sum_{j=1}^{n_k} C'_{kjt} + F'_{kgt} + F'_{kot} \right) < \left(E''_{kt} + \right. \\[2mm] \qquad \left. \displaystyle\sum_{j=1}^{n_k} C''_{kjt} + F''_{kgt} + F''_{kot} \right) \\[2mm] 0, \; \left(E'_{kt} + \displaystyle\sum_{j=1}^{n_k} C'_{kjt} + F'_{kgt} + F'_{kot} \right) \geq \left(E''_{kt} + \displaystyle\sum_{j=1}^{n_k} C''_{kjt} + F''_{kgt} + F''_{kot} \right) \end{cases} & (6-24) \end{cases}
$$

式中　　　　k——项目编号，$K = 1, 2, \cdots, m$；

j——第 k 个项目的第 j 分包工程，$j = 1, 2, \cdots, n_k$；

i——矿建企业集团第 i 子公司，$i = 1, 2, \cdots l$；

RE_k——第 k 个项目的自营工程成本收益率；

RC_{kj}——第 k 个项目第 j 分包工程的成本收益率；

E'_{kt}——t 时段分配给第 k 个项目的自营工程的直接费用；

E''_{kt}——t 时段第 k 个项目的自营工程直接费用需求下限;

E_{kt}——t 时段第 k 个项目的自营工程直接费用需求上限;

C'_{kjt}——t 时段分配给第 k 个项目第 j 分包工程的工程款;

C''_{kjt}——t 时段第 k 个项目第 j 分包工程的工程款需求下限;

C_{kjt}——t 时段第 k 个项目第 j 分包工程的工程款需求上限;

B_k——t 时段第 k 个项目的回款率;

X_{kt}——t 时段分配给第 k 个项目的资金总额;

F'_{kgt}——t 时段分配给第 k 个项目的现场管理费用;

F''_{kgt}——t 时段第 k 个项目的现场管理费用需求下限;

F_{kgt}——t 时段第 k 个项目的现场管理费用需求上限;

F'_{kot}——t 时段分配给第 k 个项目的其他费用;

F''_{kot}——t 时段第 k 个项目的其他费用需求下限;

F_{kot}——t 时段第 k 个项目的其他费用需求上限;

$D_i(t)$——t 时段第 i 子公司资金结算分中心的资金盈余;

$D_g(t)$——t 时段矿建集团母公司资金结算中心资金盈余;

$TF(t)$——t 时段矿建企业集团资金结算中心可用的资金总额;

$FM(t)'$——t 时段矿建企业集团资金结算中心融资额;

W_k——第 k 个项目的优先级系数;

α_1——项目总收益目标权重系数;

α_2——项目总回款目标权重系数;

RL_k——第 k 个项目实际分配资金少于需求下限时,成本收益率下降幅度。

模型中:

式(6 – 18)——资金的集中优化调拨以多项目的收益、回笼资金加和最大为目标函数;

式(6 – 19)——t 时段分配给各项目 k 的资金总额小于等于整个矿建集团自有资金和筹措资金之和;

式(6 – 20)——t 时段各项目 k 自营工程的直接工程费须满足最基本的建造需要,但也不能超过资金需求上限;

式(6 – 21)——t 时段各项目 k 第 j 项分包工程的分包工程款须满足最基本的

建造需要，但也不能超过资金需求上限；

式（6-22）——t 时段各项目 k 现场管理费须满足最基本的建造需要，但也不能超过资金需求上限；

式（6-23）——t 时段各项目 k 其他费用须满足最基本的建造需要，但也不能超过资金需求上限；

式（6-24）——当分配资金不能满足项目 k 的需求下限时该项目成本收益损失率。在此，一个项目的优先级越高，表明该项目的经济收益、社会效益等方面更优。反过来说，如果此类项目的资金下限需求不能满足，则该项目造成的多方面的损失越大，把损失归结到财务收益来看，收益率受到的影响也是越大，因此成本收益损失率与项目优先级系数是正相关的关系，即 $RL_k = f(W_k)$。

3. 算例

某矿建企业集团有 5 个项目并行开展，分布在 3 个子公司中，其中第 1 子公司负责第 1、2 个项目，第 2 子公司负责第 3、4 项目，第 3 子公司负责第 5 个项目。除第 2 个项目只有 4 个分包商外，其他 4 个项目均有 5 个分包商。如何利用矿建企业集团有限的资金，不仅满足各项目的最基本的资金需求，而且使多项目组合的预期收益及回款最大，成为该集团多项目管理面临的一个重要决策问题。在此，采用本书建立的多项目资金优化调度模型求得多项目资金分配方案。本算例中项目总收益最大化目标的权重 $\alpha_1 = 0.8$，项目总回款目标的权重 $\alpha_2 = 0.2$，项目优先级排序为 $W_1 > W_2 > W_3 > W_4 > W_5$。

1) 项目资金需求计划

根据工程项目进度计划安排，编制了各项目的资金需求计划，包括自营工程直接成本、应付分包工程款、现场管理费及其他费用，见表6-6。

表6-6 项目资金需求计划表   万元

项目	自营工程直接成本	分包工程款					现场管理费	其他费用
		1	2	3	4	5		
1	1700~2000	700~800	800~1000	400~500	400~600	400~700	70	22
2	1700~2400	900~1100	500~800	300~400	300~500	—	82	25
3	1900~2500	500~700	200~300	300~500	600~900	100~200	96	32
4	1700~2000	500~600	700~800	300~400	600~800	200~300	75	23
5	1800~2200	200~300	300~400	100~200	500~700	300~500	80	25

表6-6中部分数据以上下限的形式表示，例如"1700~2000"，表示项目1的自营工程直接成本需求下限为1700万元，上限为2000万元。其中现场管理费和其他费用属于必不可少的流转资金，是一种固定性支出。

2）各项目成本收益率、回款率及收益损失率见表6-7。

表6-7 项目成本收益率、回款率及收益损失率表

项目	自营工程收益率	分包工程收益率					回款率	收益损失率
		1	2	3	4	5		
1	0.15	0.22	0.1	0.2	0.12	0.24	0.8	0.22
2	0.23	0.18	0.18	0.19	0.1	—	0.5	0.21
3	0.21	0.17	0.18	0.18	0.11	0.18	0.6	0.20
4	0.17	0.14	0.1	0.14	0.14	0.14	0.8	0.18
5	0.19	0.24	0.28	0.12	0.19	0.13	0.75	0.15

3）盈余资金及融资资金见表6-8。

表6-8 盈余资金及融资资金表 万元

部门	盈余资金	融资资金
集团总部	600	18000
第一子公司	200	—
第二子公司	100	—
第三子公司	400	—

可分配金额=（融资资金+盈余资金）-（现场管理费本+其他费用）。本算例可分配资金总额为18770万元。

4）配置方案

（1）本书模型优化配置方案。按照本书构建的资金优化调度模型，采用Matlab编程求解，求得资金分配结果见表6-9。方案中，18770万元的待分配资

金全部分配完毕，方案的项目收益总额为3463万元，项目回款总额为15395万元，目标函数值为5780万元。

（2）传统配置方案。经现场调研，矿建企业集团多项目资金分配的常用规则如下：按照项目优先级由高到低，依次满足各个项目的需求下限。如果下限满足之后有结余，再次按照优先级由高到低的顺序将结余资金进行分配，直至所有资金分配完毕。按照上述规则，本算例采用传统分配方案的分配结果如表6-10所示。方案中，18770万元的待分配资金全部分配完毕，方案的项目收益总额为3197万元，项目回款总额为15214万元，目标函数值为5600万元。

表6-9 项目资金优化分配表　　　　　　　万元

项目	自营工程直接成本	分包工程款					现场管理费	其他费用
		1	2	3	4	5		
1	2000	800	0	500	400	700	70	22
2	2400	100	800	400	0	—	82	25
3	2500	100	300	500	0	200	96	32
4	2000	600	0	400	800	200	75	23
5	1670	300	400	0	700	0	80	25

表6-10 项目资金传统分配表　　　　　　　万元

项目	自营工程直接成本	分包工程款					现场管理费	其他费用
		1	2	3	4	5		
1	1700	700	800	400	400	400	70	22
2	1700	900	500	300	300	—	82	25
3	1900	500	200	300	600	100	96	32
4	1700	500	700	300	600	200	75	23
5	1800	200	300	100	500	170	80	25

由上述数据可见，采用本书资金分配优化模型的方案在项目收益和项目回款指标方面均优于传统分配方式，表明资金优化配置模型是有效的。

6.2.2 人员优化配置模型

6.2.2.1 矿建企业集团项目管理人员能力定级

1. 确定能力定级要素

在项目实施过程中，项目管理人员的工作行为最终表现为工作的成果和绩效。在实际工作中，项目管理人员的工作行为会受到各种内部因素（工作能力和工作态度）和外部因素（环境因素和组织因素）的影响，它们之间的关系如图6-3所示。

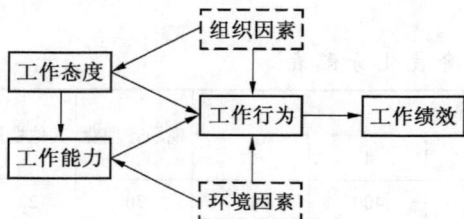

图6-3 工作绩效影响因素图

组织因素和环境因素对工作绩效的影响较为复杂，在能力定级的过程中，假设组织和环境对工作行为的影响是一个常量，而且对每个员工的影响是相同的。在这个前提下，工作绩效就由工作能力和工作态度决定。工作态度是工作能力的放大器，工作能力相同，工作态度越好，主动性越高，责任心越强，取得的工作效果就越好。放大是同质的，积极的态度和消极的态度对于工作能力的影响均会放大。

综合上述分析，矿建企业集团项目管理人员的能力定级主要考虑三个因素，即工作能力、工作态度和工作业绩。

（1）工作能力：主要包括知识能力、技术能力、管理能力和发展潜力；

（2）工作态度：主要包括诚信、敬业、服务意识、责任心等；

（3）工作业绩：工作业绩主要指项目管理人员历史和本期的工作成果和效率，在能力定级中工作业绩根据每个管理人员的绩效进行确定。

2. 能力定级评价指标

根据矿建企业项目管理人员所处的岗位不同，对其要求的能力也不相同。本书根据岗位综合能力的不同要求，把矿建企业项目管理人员划分为两大类：项目高层管理人员和项目基层管理人员。项目高层管理人员对项目各项工作进行整体把控，包括项目经理、总工程师、总会计师等；项目基层管理人员为五大员，即技术员、安全员、材料员、质检员和预算员，主要在项目的实施过程中对项目的质量、安全、物资、预算等某一方面工作负责，因此，每类管理职位的核心能力要素是不同的。对于项目高层管理人员来说，在知识和技能的基础上更看重管理能力和潜力水平，而对于基层管理人员，则更注重技能和基础性管理能力水平。因此不同管理职位，其能力评价定级的指标不同，对于一些共性指标，对不同管理职位来说，指标的权重系数也不相同。

综合前人研究成果，充分考虑矿建工程项目管理的特点，本书构建了矿建企业集团项目高层和基层管理人员的能力定级评价指标体系，如表 6－11 和表 6－12 所示。

表6－11　项目高层管理人员能力定级评价指标体系

	一级指标	二级指标	权重
项目高层管理人员能力评价	工作能力（0.4）	技能及知识	0.2
		工作年限	0.1
		计划能力	0.2
		沟通能力	0.1
		攻坚能力	0.1
		威信力	0.1
		资源整合能力	0.2
	工作态度（0.3）	诚信	0.25
		责任心	0.50
		主动性	0.25
	工作业绩（0.3）	任务量	0.2
		客户满意度	0.2
		预算偏差	0.3
		工程质量	0.2
		安全事故	0.1

实际操作过程中，可由矿建企业集团母公司、子公司高层管理人员以及外聘专家对待测项目管理人员能力进行打分，分数可采用百分制统计。

表6-12　项目基层管理人员能力定级评价指标体系

一级指标	二级指标	权重
工作能力（0.4）	工作年限	0.1
	技能水平	0.3
	协作能力	0.1
	计划能力	0.1
	沟通能力	0.1
	攻坚能力	0.3
工作态度（0.3）	诚信	0.2
	服务意识	0.1
	执行力	0.2
	纪律性	0.2
	责任心	0.3
工作业绩（0.3）	完成任务量	0.5
	任务完成质量	0.5

（一级指标左侧："项目基层管理人员能力评价"）

3. 确定能力等级

项目管理人员的能力等级计算如式（6-25）所示。

$$G = GC \times Q_1 + GA \times Q_2 + GP \times Q_3 \tag{6-25}$$

其中，GC 表示工作能力分值，GA 表示工作态度分值，GP 表示工作绩效分值；Q_1、Q_2、Q_3 分别表示各能级影响因素的权重。

根据被测者的能力水平构建项目管理人员的能级序列，并对分值进行归集处理，形成区间段的能级。例如，对于项目经理，可制定如下分级标准，如表6-13 所示。

表6-13　矿建企业项目经理能力分级标准表

得分	80~100分	70~79分	60~69分	0~59分
能级	高级经理	中级经理	初级经理	一般经理

4. 项目人员能级动态管理

随着项目经验的积累，解决问题的能力的增强，以及通过个人学习或组织培训，项目人员的知识和能力都在不断提高。同时，随着世界观、价值观的变化，项目人员的工作态度也是时刻变化的。工作态度的改善，提供了干好工作的意愿；知识和能力的提高，又提供了干好工作的可能。这两方面的结合又使工作绩效的提高成为可能，因此，由于项目人员能级确定的要素在不断地发生变动，其能级也必须要实施动态的管理。一般来说，矿建企业集团可以考虑在项目完工或者固定周期对项目人员的能级进行重新评定，以反映项目人员的客观能力水平。

6.2.2.2　多项目人力资源优化配置

1. 问题描述

对于大多数矿建项目来说，在资源有限的情况下，当某段时间内同时遇到多个项目需要同一类人力资源时，就会产生人力资源分配上的冲突和竞争，因此需要解决有限的人力资源在多个并行项目的优化配置问题。为了简化问题，本书假设存在若干并行项目和一个共享的资源库，并且只涉及一种项目运作的关键性人力资源，这种关键性人力资源在某段时间内的供给量（容量）有限，不能通过外聘或其他方式来获得。项目管理人员的能力水平各不相同，其能力水平系数可以通过前文中项目管理人员能力定级评价方法得到。因为能力不同，管理人员单位时间内可承担的任务量不同，所以相同时间内能力强的人员比能力弱的人员可承担的任务量多。项目管理人员和项目之间的映射关系是多对多，即一名项目管理人员可以被调配到多个项目中去，一个项目也可以由多名管理人员来负责完成。但是，如果一名管理人员被分配到一个项目中，在此项目任务完工之前，该人员不得离开该项目。

矿建企业集团多项目人力资源动态配置模型的建立，需在考虑多项目优先级排序的前提下，把项目管理人员当作决策变量，将人员在多项目中进行分配，达到以合理的工期安排和最少的人工成本完成所有项目的目标。

2. 模型假设

（1）1个项目可以由同一职位的多名管理人员参与，但1人在同一时间段内只能参与1个项目；

（2）项目在整个工期内平均每月工作量（单位：标准人·月）等于总工作量与

项目工期的比值；

（3）共有 n 个项目，m 个同一职位管理人员；

（4）n 个项目的优先级为 $W_i(1 \leq i \leq n)$，为便于表达设 i 按项目级别从高到低排列，即 $W_1 > W_2 > \cdots > W_n$；

（5）n 个项目中各项目开始时间为 ST_i，最晚允许结束时间为 $ET_i(1 \leq i \leq n)$，项目工期的最小单位为月，其中 ST_i 为变量，ET_i 为常量，如某一项目工期为 1—9 月，表示该项目工期起止为第 1 月第一天开始至第 9 月最后一天结束，且 $ST_i < ET_i$；

（6）n 个项目在其工期内需要完成的总标准工作量为 $Q_i(1 \leq i \leq n)$；

（7）m 个项目管理人员，根据其能力水平确定每月能够完成工作量为 $q_k(1 \leq k \leq m)$；

（8）所有项目最先开工时间为 $ST_1 = \min\{ST_i \mid 1 \leq i \leq n\} = 1$，$ET_{\max} = \max\{ET_i \mid 1 \leq i \leq n\}$；

（9）项目管理人员 $k(1 \leq k \leq m)$ 如果被安排至项目 $i(1 \leq i \leq n)$ 中，就必须工作到项目 i 完工；

（10）m 个项目管理人员每月的工资为 $C_k(1 \leq k \leq m)$；

（11）n 个项目需要的项目管理人员数量范围为 $[L_i, U_i](1 \leq i \leq n)$；

（12）n 个项目一旦开工需要 t_i 个月完成 $(1 \leq i \leq n)$。

3. 建立模型

1）第一阶段优化模型：项目开工时间优化

建立下列模型用于安排确定 n 个项目的开工时间 ST_i，目标是在所有项目总工期 $T = ET_{\max} - ST_1$ 内的每个月要求完成的工作量之间标准差最小。显然，当式（6-26）成立时，说明当前 m 个项目管理人员在现有总工期 T 内理论上无法完成该 n 个项目。

$$\sum_{i=1}^{n} Q_i > \sum_{k=1}^{m} q_k \times T \qquad (6-26)$$

目标函数：

$$\min z = 100 \times \sqrt{\sum_{j=1}^{T}\left(\sum_{i=1}^{n}\frac{Q_i}{ET_i - ST_i}x_{ij} - \frac{\sum_{i=1}^{n}Q_i}{T}\right)^2 \Big/(T-1)\Big/\left(\frac{\sum_{i=1}^{n}Q_i}{T}\right)}$$
$$(6-27)$$

约束条件:

$$S.T. \begin{cases} ST_1 = 1 \\ 1 \leq ST_i \leq ET_i - 1 \quad (1 \leq i \leq n) \\ x_{ij} = \begin{cases} 1 & ST_i \leq j \leq ET_i - 1 \\ 0 & \text{其他} \end{cases} \\ ST_i \quad ET_i \in N \\ T = ET_{\max} - ST_1 \\ ET_{\max} = \max\{ ET_i \mid 1 \leq i \leq n \} \end{cases} \qquad (6-28)$$

模型中:

式(6-27)目标函数含义是使所有项目在执行总工期内,每个月的工作量的相对标准差最小化,即使项目组合总工期内资源需求尽可能均衡。

本模型求解完成后验证以下不等式是否成立:

$$\max\left[\sum_{i=1}^{n} \frac{Q_i}{ET_i - ST_i} x_{ij} \mid 1 \leq j \leq T \right] \leq \sum_{k=1}^{m} q_k \qquad (6-29)$$

如果式(6-29)不成立,说明当前 m 个项目管理人员在现有总工期 T 内无法完成该 n 个项目。此种情况下可采取两种途径解决:①增加资源供应量以满足项目资源要求;②依据项目优先级排序对项目重新进行筛选,舍弃优先级最低的项目。采取上述方案之后应再行判断直至满足式(6-26)和式(6-29)。

2)第二阶段优化模型:人力资源优化配置

第一阶段优化完成后,已确定了每个项目的具体开工时间。如果式(6-29)成立,则需考虑如何在多项目总工期内安排每个项目管理人员参与到各项目中,既要保证每个项目的工作量能够完成,又要使项目管理人员总人工成本最低。

目标函数:

$$\min z = \sum_{i=1}^{n} \sum_{k=1}^{m} C_k x_{ik} t_i \qquad (6-30)$$

约束条件:

$$S.T. \begin{cases} \sum_{k=1}^{m} q_k x_{ik} \geqslant \dfrac{Q_i}{t_i} & (1 \leqslant i \leqslant n) \\[2ex] L_i \leqslant \sum_{k=1}^{m} x_{ik} \leqslant U_i & (1 \leqslant i \leqslant n) \\[2ex] \sum_{i=1}^{n} x_{ik} = 1 & (1 \leqslant k \leqslant m) \\[2ex] x_{ik} = \begin{cases} 0 & \text{人员 } k \text{ 不参与项目 } i \\ 1 & \text{人员 } k \text{ 参与项目 } i \end{cases} \end{cases} \qquad (6-31)$$

4. 求解算法

目前，求解资源优化配置模型的方法主要包括智能算法和线性规划方法，研究对象多为生产型企业，即通过采用使有限资源产生最大效益的方式来优化资源配置。本书采用贪婪算法和线性规划相结合的方法对人力资源优化配置模型进行求解。采用该组合优化方法的原因如下：

（1）贪婪算法，求解速度快，并且求解方法设计灵活，使用方便，不涉及大量参数的调节，有利于操作人员在实际项目中使用，但缺点是求解的质量不是特别的满意。

（2）线性规划方法是成熟的资源配置算法，能够得到求解质量非常高的解（对于变量较少的模型可以得到最优解），但缺点是当变量增加时其运算速度较慢。例如当项目数量达到 20，人员数量达到 50 时，上述模型中的变量数将为 $20 \times 50 = 1000$。每个变量均可取 0 或 1，因此解空间中的可行解数量可以达到 2^{1000}。如果采用单纯的线性规划方法求解将难以在合理的时间内得到满意的求解结果。

因此，贪婪算法和线性规划优化方法相结合可以优势互补，使算法能够在合理的时间内得到满意的求解结果。

5. 算例

SDFD 矿建公司现有 20 个矿建工程项目并行施工，其中包括新建项目、扩建项目、机械化改造项目等，该公司共有 50 名项目经理待分配。在此，采用本书提出的项目管理人员能级评价方法对这 50 名项目经理进行能级评定，同时采用前文中介绍的项目优先级评价模型对 20 个项目进行优先级评价和排序。

本算例中的项目经理信息和项目基本信息如表 6-14、表 6-15 所示。

　　表6-14中第1列为人员序号；第2列为项目经理工作能力系数，在此设能级得分为60分的项目经理为"标准项目经理"，规定"标准项目经理"的工作能力系数为1；第3列为聘用该项目经理的人工成本（百元/月）。

表6-14　项目经理信息表

序号	工作能力系数	月人工成本（百元）	序号	工作能力系数	月人工成本（百元）
1	1.33	100	26	1.00	71
2	1.31	98	27	1.00	71
3	1.29	96	28	1.00	71
4	1.27	94	29	1.00	71
5	1.24	92	30	1.00	71
6	1.22	90	31	1.00	71
7	1.20	88	32	1.00	71
8	1.18	86	33	1.00	71
9	1.16	84	34	1.00	71
10	1.13	82	35	1.00	71
11	1.11	80	36	1.00	71
12	1.09	78	37	1.00	71
13	1.07	76	38	1.00	71
14	1.04	74	39	1.00	71
15	1.02	72	40	0.98	69
16	1.02	72	41	0.96	67
17	1.02	72	42	0.93	65
18	1.02	72	43	0.91	63
19	1.02	72	44	0.89	61
20	1.00	71	45	0.87	59
21	1.00	71	46	0.84	57
22	1.00	71	47	0.82	55
23	1.00	71	48	0.80	53
24	1.00	71	49	0.78	51
25	1.00	71	50	0.76	49

表6-15 项目信息表

序号	项目名称	总工作量	工期 t	最晚结束时间 ET	要求人数下限	要求人数上限
1	YC 项目	108	24	40	1	10
2	BJ 项目	126	18	40	1	10
3	XH 项目	144	24	40	1	10
4	ZZ 项目	100	20	40	1	10
5	ZJX 项目	120	24	40	1	10
6	JHZ 项目	100	20	40	1	10
7	ZMC 项目	36	4	40	1	10
8	DJH 项目	36	18	20	1	10
9	SZ 项目	48	24	40	1	10
10	XH 项目	48	16	40	1	10
11	TN 项目	36	18	40	1	10
12	TK 项目	54	18	40	1	10
13	FC 项目	72	24	40	1	10
14	BYGL 项目	90	20	40	1	10
15	SGC 项目	36	18	28	1	10
16	SJC 项目	36	18	20	1	10
17	CJT 项目	54	18	20	1	10
18	WJG 项目	48	12	12	1	10
19	XSWK 项目	48	6	32	1	10
20	LL 项目	60	30	32	1	10

表6-15 中，第 3 列为以项目经理工作计算的项目总工作量（单位：标准项目经理·月），第 4 列为项目的工期（单位：月），第 5 列为项目最晚允许结束时间，第 6 列为项目需要人数的下限，第 7 列为项目需要人数的上限。

本书设计了 Matlab 程序进行两阶段优化模型求解，第一阶段求解得到 20 个项目的开工时间优化结果，如表6-16 所示。

表6-16 项目开工时间优化结果表

序号	项目开工时间 ST	项目完工时间	项目最晚完工时间 ET	月工作量（标准经理）	总工期 T	月序号	工作量（标准经理）	相对标准差 RSD	计划是否可行
1	1	24	40	4.5	40	1	34.5	7.80	是
2	23	40	40	7		2	34.5		
3	17	40	40	6		3	36.5		
4	19	38	40	5		4	36.5		
5	17	40	40	5		5	40.5		
6	1	20	40	5		6	40.5		
7	37	40	40	9		7	32.5		
8	1	18	20	2		8	32.5		
9	13	36	40	2		9	32.5		
10	1	16	40	3		10	32.5		
11	5	22	40	2		11	32.5		
12	1	18	40	3		12	32.5		
13	13	36	40	3		13	33.5		
14	21	40	40	4.5		14	33.5		
15	5	22	28	2		15	33.5		
16	1	18	20	2		16	33.5		
17	1	18	20	3		17	41.5		
18	1	12	12	4		18	41.5		
19	1	6	32	8		19	36.5		
20	3	32	32	2		20	36.5		
						21	36		
						22	36		
						23	39		
						24	39		
						25	34.5		
						26	34.5		
						27	34.5		

表6-16（续）

序号	项目开工时间 ST	项目完工时间	项目最晚完工时间 ET	月工作量（标准经理）	总工期 T	月序号	工作量（标准经理）	相对标准差 RSD	计划是否可行
						28	34.5		
						29	34.5		
						30	34.5		
						31	34.5		
						32	34.5		
						33	32.5		
						34	32.5		
						35	32.5		
						36	32.5		
						37	36.5		
						38	36.5		
						39	31.5		
						40	31.5		

表6-16中，"工作量（标准经理）"是项目组合总工期40个月内，每月20个项目的工作量累计，"相对标准差 RSD"是该40个月内，每月工作量的相对标准差（该数值越小表示优化结果越好），"计划是否可行"为当前人员是否能够完成当前项目要求的判断，即是否能够满足不等式（6-29）。

接下来，按照第一阶段项目开工时间优化的结果，将对本书人员优化配置方案和传统人员配置方案进行对比和分析。

1）本书模型优化配置方案

采用本书提出的人员优化配置模型，设计 Matlab 程序进行求解得到20个项目50个项目经理配置结果，如表6-17和表6-18所示。

表6-17和表6-18中，对应的数据如果为"1"表示该项目经理参加相应项目（表中阴影部分）。由表中数据可见，50位项目经理全部被分配到20个项目中，在计划工期内满足所有项目的人员需求，总的人工成本为946万元。

表 6-17 项目经理优化配置结果表 (1~25 号经理)

项目	工期	人员																							
		1	2	3	4	5	6	7	8	9	10	11	12	13	14	15	16	17	18	19	20	21	22	23	24	25
1	1→24	1	1	1	1																					
2	23→40									1	1	1	1	1	1	1										
3	17→40																	1	1	1	1	1	1			
4	19→38																							1	1	1
5	17→40																									
6	1→20																									
7	37→40	1	1	1	1	1	1	1	1	1																
8	1→18																									
9	13→36																									
10	1→16																									
11	5→22																									
12	1→18																							1	1	1
13	13→36																									
14	21→40																									
15	5→22																									
16	1→18																									
17	1→18																									
18	1→12																									
19	1→6									1	1	1	1	1	1	1	1									
20	3→32																									
成本	946万元																									

表 6-18 项目经理优化配置结果表 (26~50 号经理)

项目	工期	人员																							
		26	27	28	29	30	31	32	33	34	35	36	37	38	39	40	41	42	43	44	45	46	47	48	49	50
1	1→24																									
2	23→40																									
3	17→40																									

表6-18（续）

项目	工期																									

项目	工期	26	27	28	29	30	31	32	33	34	35	36	37	38	39	40	41	42	43	44	45	46	47	48	49	50
4	19→38	1	1																							
5	17→40			1	1	1	1	1	1																	
6	1→20								1	1	1	1	1													
7	37→40																									
8	1→18													1	1											
9	13→36															1	1	1								
10	1→16				1	1	1	1																		
11	5→22																		1	1	1					
12	1→18	1																								
13	13→36																					1	1	1	1	
14	21→40								1	1	1	1	1													
15	5→22																									
16	1→18																									
17	1→18																									
18	1→12																					1	1	1	1	1
19	1→6																									
20	3→32																									
成本	946万元																									

2）传统配置方案

经调研，矿建企业集团人员分配传统规则为两个"优先"：级别越高的项目的人员需求越优先满足，能级越高的人员优先分配到级别越高的项目中，分配的目标是满足项目人员需求，保证项目工期。按照上述人员分配规则，本算例的人员分配结果如表6-19和表6-20所示。由表中数据可见，在第17个项目分配结束后，只有1名能力系数为0.76的项目经理可供分配，要满足第18、19和20三个项目的人员需求，需要再补充19位项目经理，分别满足：项目18共5个人的缺口，项目19共11个人的需求，项目20共3个人的需求，项目的总人工成本为1066万元。

経对比易见，本书构建的多项目人员配置模型在保证项目人员需求的同时，以最低的人工总成本完成人员分配，相比传统人员配置方法是有效的。

表6-19 项目经理传统配置结果表（1~25号经理）

项目	工期	人员																							
		1	2	3	4	5	6	7	8	9	10	11	12	13	14	15	16	17	18	19	20	21	22	23	24	25
1	1→24	1	1	1	1																					
2	23→40					1	1	1	1	1	1															
3	17→40											1	1	1	1	1	1									
4	19→38																	1	1	1	1	1				
5	17→40																						1	1	1	1
6	1→20																									
7	37→40	1	1	1	1																					
8	1→18																	1	1							
9	13→36																									
10	1→16					1	1	1																		
11	5→22								1	1																
12	1→18										1								1	1						
13	13→36																									
14	21→40																									
15	5→22																									
16	1→18																					1				
17	1→18																									
18	1→12																									
19	1→6																									
20	3→32																									
成本	1066万元																									

表6-20 项目经理传统配置结果表（26~50号经理）

项目	工期	人员																								
		26	27	28	29	30	31	32	33	34	35	36	37	38	39	40	41	42	43	44	45	46	47	48	49	50
1	1→24																									
2	23→40																									
3	17→40																									
4	19→38																									
5	17→40	1																								
6	1→20		1	1	1	1	1																			
7	37→40		1	1	1																					
8	1→18																									
9	13→36							1	1																	
10	1→16																									
11	5→22																									
12	1→18																									
13	13→36									1	1	1														
14	21→40						1						1	1	1	1										
15	5→22																1	1	1							
16	1→18																			1	1					
17	1→18																					1	1	1	1	
18	1→12																									6
19	1→6																									11
20	3→32																									3
成本	1066 万元																									

6.2.3 设备优化配置模型

物质资源泛指物资、设备、工具等各类有形物化资源。其中设备一般属于固定资产，可以长期、反复、多次使用，因而研究设备资源的优化配置问题更具现实意义。鉴于此，此部分将针对矿建企业集团的各类大型、关键性设备资源的优化配置问题进行研究。

1. 问题描述

为加强对设备资源的管控，多数矿建企业集团设立了区域性的设备管理中心，对某一区域范围内关键性设备资源采取集中管理和调度。在此，如何将有限的设备资源在该区域的多个并行项目中进行有效分配，在满足各个项目对设备的需求的同时以最小的调度成本完成调度是一个具有现实意义的问题。

本书假设矿建企业集团在某一区域存在若干个并行的项目和某一类型的共享设备资源库，这种设备资源在某段时间内的供给量有限且这些设备的能效系数相同，是同质的；设备和项目之间的映射关系是多对多，即一台设备可以被调配到多个项目中去，一个项目也可以有多台设备同时施工；同时要求，如果某一设备被配置到某个项目中，在此项目完工之前，该设备被该项目独占。

因此，需要在考虑各个项目优先级的前提下，把设备当作决策变量，将该类型设备在多项目中进行优化分配，达到满足各项目的设备需求且所有设备总调度成本最小的目标。

2. 模型假设

(1)1 个项目可以分配多台设备，1 台设备在同一时间段内只能服务 1 个项目；

(2)共有 m 个项目，项目分布在不同位置，K 台待分配设备，设备集中存放在设备调度中心仓库；

(3)设 $V = \{0, 1, 2, \cdots, m\}$ 表示设备调度中心仓库和 m 个项目位置节点，$V_0 = \{1, 2, \cdots, m\}$ 表示 m 个项目工地位置节点，$A = (i, j)_{(m+1) \times (m+1)}$ 表示 V 中任意两节点之间的弧；

(4)m 个项目的优先级为 $W_i (1 \leqslant i \leqslant m)$；

(5)m 个项目开工时间和结束时间分别为 E_i 和 L_i；

（6）每个项目对该类型设备的需求量为 q_i 台·天（$1 \leq i \leq m$）；

（7）在 m 个项目工地和设备调度中心仓库之间调配所需耗时及成本分别用矩阵 $T = (t_{ij})_{(m+1) \times (m+1)}$ 和 $C = (c_{ij})_{(m+1) \times (m+1)}$ 表示，两者均为 $m+1$ 阶方阵；

（8）设备 $k(1 \leq k \leq K)$ 如果被安排至项目 $i(1 \leq i \leq m)$ 中则必须服务到项目 i 结束，服务结束后可调配到其他未完工的项目；

（9）K 台设备最终使用完成后必须送回设备调度中心仓库检修及保养；

（10）设第 k 台设备在第 i 个项目开始服务的时间点为 w_{ik}，服务时长为 s_{ik}。

在此需要说明：

设备资源优化配置问题与 6.2.2 部分论述的人力资源配置问题类似，也应进行类似式（6-26）和式（6-29）的判断以确定现有资源供应规模下能否完成所有项目。如果单独考虑人力资源或设备资源的配置问题，则可以分别单独使用 6.2.2 中的第一阶段项目开工时间优化模型进行优化；如果企业需要同时进行设备资源、人力资源两种资源的优化配置，则两类资源须同时满足式（6-26），此时相应的式（6-27）目标函数变为：

$$
\min z = 100 \times \sqrt{\sum_{j=1}^{T} \left(\sum_{i=1}^{n} \frac{Q_i}{ET_i - ST_i} x_{ij} - \frac{\sum_{i=1}^{n} Q_i}{T} \right)^2 \bigg/ (T-1) \bigg/ \left(\frac{\sum_{i=1}^{n} Q_i}{T} \right)} + 100 \times
$$

$$
\sqrt{\sum_{j=1}^{T} \left(\sum_{i=1}^{n} \frac{S_i}{ET_i - ST_i} x_{ij} - \frac{\sum_{i=1}^{n} S_i}{T} \right)^2 \bigg/ (T-1) \bigg/ \left(\frac{\sum_{i=1}^{n} S_i}{T} \right)} \qquad (6-32)
$$

即安排确定 n 个项目的开工时间 ST_i，使得在所有项目执行总周期 $T = ET_{\max} - ST_1$ 内的每个最小时间单位内对两种资源的需求标准差最小。

同样多项目开工时间优化确定完后，两种资源须同时满足式（6-29）。如果存在不能满足的情况，则可以选择 6.2.2 章节中提出的解决方案予以解决。

因此设备资源优化调度模型中各项目的最早开工时间（E_i）和最晚结束时间（L_i）是上述多项目开工时间优化完成后确定的项目时间参数，是常量。

3. 建立模型

目标函数：

$$minz = \sum_{i=1}^{m} \sum_{j=1}^{m} \sum_{k=1}^{K} c_{ij} x_{ijk} \tag{6-33}$$

约束条件：

$$\sum_{j=1}^{m} \sum_{k=1}^{K} x_{ijk} \geqslant 1 \quad \forall i \in V \tag{6-34}$$

$$\sum_{j=1}^{m} x_{0jk} = 1 \quad \forall k \in K \tag{6-35}$$

$$\sum_{i=1}^{m} x_{ijk} - \sum_{i=1}^{m} x_{jik} = 0 \quad \forall k \in K \quad j \in V_0 \tag{6-36}$$

$$\sum_{j=1}^{m} x_{j0k} = 1 \quad \forall k \in K \tag{6-37}$$

$s.t.$ $x_{ijk}(w_{ik} + s_{ik} + t_{ij} - w_{jk}) \geqslant 0 \quad \forall k \in K \quad (i,j) \in A \tag{6-38}$

$$E_i \sum_{j=1}^{m} x_{ijk} \leqslant w_{ik} \leqslant L_i \sum_{j=1}^{m} x_{ijk} \quad \forall k \in K \quad i \in V_0 \tag{6-39}$$

$$\min\{E_i \mid i \in V_0\} \leqslant w_{0k} \leqslant \max\{L_i \mid i \in V_0\} \quad \forall k \in K \tag{6-40}$$

$$\sum_{j=1}^{m} \sum_{k=1}^{K} x_{ijk} s_{ik} \geqslant q_i \quad \forall i \in V_0 \tag{6-41}$$

$$s_{ik} > 0 \quad \forall k \in K \quad i \in V_0 \tag{6-42}$$

$$x_{ijk} \in \{0,1\} \quad \forall k \in K \quad (i,j) \in A \tag{6-43}$$

模型中：

式(6-33)——所有设备调度成本之和最小；

式(6-34)——服务每个项目的设备台次数不少于1；

式(6-35)——所有设备均从设备调度中心仓库调出；

式(6-36)——每个项目中调进和调出的设备台数相等；

式(6-37)——所有设备用完后均返回到仓库；

式(6-38)——设备在项目之间调度的时间合理；

式(6-39)——每台设备在项目中开始服务的时间在最早开工时间和最晚结束时间之间；

式(6-40)——设备出入库的时间在所有项目的最早开工时间和最晚结束时间区间内；

式（6－41）——每个项目的总需求均被满足；

式（6－42）——设备服务的具体时长必须大于0；

式（6－43）——当第 k 台设备需要在项目 i、j 间调度，则 $x_{ijk}=1$；否则 $x_{ijk}=0$。

4. 算法

本模型是典型的整数规划模型，也是经典的组合优化问题，本问题的求解难度甚至大于经典组合优化问题——带时间窗的车辆路径问题（Vehicle Routing Problem With Time Window，VRPTW）。VRPTW 问题是要求配送车辆在顾客指定时间窗内完成要求货物配送的问题，其核心是优化车辆的行驶路线以在满足顾客服务需求的前提下，使得车辆行驶成本最低。而本书的设备优化调度问题与该问题类似，调度设备相当于配送车辆，工程项目类似于顾客。在 VRPTW 中对每个顾客的服务时间是事先已知的量，并且每个顾客的货物需求量小于配送车辆的载量，但本问题中机器调度至项目中服务的时间是变量，并且每个项目可以调度多台机器对其服务。综上，本问题的求解难度要远大于 VRPTW，由于 VRPTW 本身即为 NP－hard 问题，且寻找一个可行解就有 NP－complete 问题，因此本问题也必定为 NP－hard 问题。

对于此类问题，为了能够在合理时间内求解得到满意方案，一般采用启发式算法。当前的启发式算法主要包括遗传算法、模拟退火算法、蚁群算法、混合邻域算法和禁忌算法等，这类算法的特点是能够在合理时间内找到质量较为满意的执行方案，在本书中，选择采用贪婪算法求解本问题以获得初始可行方案，然后采用遗传算法对其进一步优化。

5. 算例

SDFD 矿建公司实施区域性设备集中管控，设立区域设备中心仓库管理设备。现有某类型施工设备 3 台，并行施工项目 5 个（包括新建项目和改扩建项目），各项目基本信息见表6－21。设备中心仓库和 5 个项目工地之间设备调配所需成本和时间如表 6－22 和表 6－23。

1）本书模型优化配置方案

运用本书的设备集中优化调度模型和算法，采用 Matlab 设计程序进行求解，求得最优调配方案，见表6－24。

表6-21 项目基本信息表

项目	坐标 X	坐标 Y	设备需求时间窗/天	设备需求量/（台·天）
中心仓库	0	0	0 ~ 70	—
YC 项目	60	60	5 ~ 25	15
BJ 项目	-60	-100	10 ~ 25	13
XH 项目	60	20	30 ~ 55	25
ZZ 项目	-10	-100	35 ~ 70	35
ZJX 项目	-50	60	15 ~ 50	30

表6-22 设备中心仓库与项目工地设备调配成本表 千元

项目序号	中心仓库	YC 项目	BJ 项目	XH 项目	ZZ 项目	ZJX 项目
中心仓库	0.0	84.9	116.6	63.2	100.5	78.1
YC 项目	84.9	0.0	200.0	40.0	174.6	110.0
BJ 项目	116.6	200.0	0.0	169.7	50.0	160.3
XH 项目	63.2	40.0	169.7	0.0	138.9	117.0
ZZ 项目	100.5	174.6	50.0	138.9	0.0	164.9
ZJX 项目	78.1	110.0	160.3	117.0	164.9	0.0

表6-23 中心仓库与项目工地设备调配耗时表 天

项目序号	中心仓库	YC 项目	BJ 项目	XH 项目	ZZ 项目	ZJX 项目
中心仓库	0.0	7.7	10.6	5.7	9.1	7.1
YC 项目	7.7	0.0	18.2	3.6	15.9	10.0
BJ 项目	10.6	18.2	0.0	15.4	4.5	14.6
XH 项目	5.7	3.6	15.4	0.0	12.6	10.6
ZZ 项目	9.1	15.9	4.5	12.6	0.0	15.0
ZJX 项目	7.1	10.0	14.6	10.6	15.0	0.0

表6-24 设备优化配置方案表

设备编号	方 案	开始服务时间/天	服务时长/天	调配成本/千元
1	中心仓库→YC项目	7.7	15.0	84.9
	YC项目→XH项目	30.0	25.0	40.0
	XH项目→中心仓库	60.7	——	63.2
2	中心仓库→BJ项目	10.6	13.0	116.6
	BJ项目→ZZ项目	35.0	35.0	50.0
	ZZ项目→中心仓库	79.1.0	——	100.5
3	中心仓库→ZJX项目	15.0	30.0	78.1
	ZJX项目→中心仓库	52.1	——	78.1
总调配费	611.4千元			

2）传统配置方案

由于本问题是非常复杂的 NP-hard 问题，在矿建企业现实操作中为了方便调度，通常将设定如下规则：当两个项目最早开工时间和最晚完工时间段完全不重合时，才考虑共用相同设备，这样做的优点是可以提高方案的可靠性，但成本会更高，并且当特定资源设备非常有限时，可完成的项目数量会大幅度减少。

本书按照上述现实操作规则对本算例进行了配置，结果见表6-25。

表6-25 设备传统配置方案表

设备编号	方 案	开始服务时间/天	服务时长/天	调配成本/千元
1	中心仓库→YC项目	7.7	15.0	84.9
	YC项目→中心仓库	30.4	——	84.9
2	中心仓库→XH项目	30.0	25.0	63.2
	XH项目→中心仓库	60.7	——	63.2
3	中心仓库→BJ项目	10.6	13	116.6
	BJ项目→ZZ项目	35	35	50
	ZZ项目→中心仓库	79.1	——	100.5
4	中心仓库→ZJX项目	15	30	78.1
	ZJX项目→中心仓库	52.1	——	78.1
总调配费	719.5千元			

由表 6 – 24 和表 6 – 25 可见，要满足所有项目的设备需求，本书构建的设备配置模型需要 3 台设备，设备总调配费用为 611.4 千元；传统设备配置方法需要通过租赁等方式补充 1 台设备，设备总调配费用为 719.5 千元。由此可见，本书构建的设备优化配置模型是有效的。

6.3 资源优化配置效率评价体系构建

前文中从矿建企业集团整体协同层面优化配置了资金、设备和人员三种关键资源，但没有考虑从项目的投入产出角度评价关键资源优化配置的效率问题。资源配置有效性评价可以为项目资源的配置提供决策依据，为配置方案的改进和完善提供参考，同时资源配置有效性也反映了矿建企业集团资源的运作能力和管理水平。因此，有必要对多项目资源配置的有效性进行评估，为企业集团资源优化配置方案和规则的改进提供参考。

6.3.1 资源配置有效性评价问题描述

矿建企业集团项目运作，关键资源投入一般包括资金、设备和人员等；其产出主要有三类：技术知识类产出，如专利等；财务经济类产出，如利润等；社会效益类产出，如客户满意度等。这种多个项目多种资源的投入、产出评价是一种典型的多输入多输出系统综合评价问题。下面本书将从评价指标体系和综合评价方法这两个方面对多项目资源配置有效性评价问题进行研究。

6.3.2 资源配置有效性评价指标体系构建原则

根据多项目运作的特点，在构建多项目资源配置有效性评价指标体系时应当遵循以下基本原则：

（1）指标宜少不宜多，宜简不宜繁。评价指标并非多多益善，关键在于评价指标在评价过程中所起的作用的大小，评价目的是出发点。指标体系应涵盖为达到评价目的所需的基本内容，能反映对象的全部信息。指标的精炼可以减少评价的时间和成本，使评价活动易于开展。

（2）指标应具有独立性。每个指标要内涵清晰，相对独立；同一层次的指标间应力求互不重叠，相互间不存在因果关系。指标体系要层次分明，简明扼要。整个评价指标体系的构成必须紧紧围绕评价目的展开，使评价结论能反映评价的意图。

（3）指标应具有代表性，能较好地反映研究对象某方面的特征，指标间应具有明显的差异性。评价指标和评价标准的制定要客观实际，便于比较。

（4）指标应可行，符合客观实际水平，有稳定的数据来源，易于操作。评价指标含义要明确，数据要规范，口径要一致，数据收集要简便易行。

6.3.3 基于 SE – DEA 的资源配置有效性评价

1. DEA 方法概述

DEA 方法以相对效率概念为基础，以凸分析和线形规划为工具，计算和比较决策单元之间的相对效率，它充分考虑对于决策单元本身最优的投入产出方案，因而能够理想地反映评价对象自身的特点，且对于评价复杂系统的多投入多产出分析具有独到之处。在应用 DEA 方法时，目前使用较多的是 C^2R 和 C^2GS^2 模型。

1）评价综合技术有效性的 C^2R 模型

设有 n 个决策单元(DMU)，m 个投入指标和 s 个产出指标组成评价指标体系，第 j 个决策单元的投入和产出量为 $X_j = (x_{ij}, x_{2j}, \cdots, x_{mj})^T > 0$ 和 $Y_j = (y_{ij}, y_{2j}, \cdots, y_{sj})^T > 0$, $j = 1, 2, \cdots, n$。评价第 j_0 个决策单元 DMU_{j0} DEA 有效性的 C^2R 模型为：

$$minz = [\theta - \varepsilon(\hat{e}^T S^- + e^T S^+)]$$

$$s.t. \begin{cases} \sum_{j=1}^n \lambda_j X_j + S^- = \theta X_{j0} \\ \sum_{j=1}^n \lambda_j Y_j - S^+ = Y_{j0} \quad 其中 \quad \hat{e} = (1,1,\cdots,1)^T \in E^m, e = (1,1,\cdots,)^T \in E^s \\ \lambda_j \geq 0 \quad j = 1,2,\cdots,n \\ S^- \leq 0, S^+ \geq 0 \end{cases}$$

$$(6-44)$$

式中　　X_{j0}——决策单元 DMU_{j0} 的投入指标向量；

　　　　Y_{j0}——决策单元 DMU_{j0} 的产出指标向量；

　　　　θ——决策单元 DMU_{j0} 的有效值（投入相对于产出的有效利用程度）；

　　　　S^-、S^+——松弛变量，分别表示输入过剩与输出不足；

λ_j——相对于要评价的决策单元 DMU_{j0} 重新构造一个有效决策单元的组合中第 j 个决策单元的比例;

ε——非阿基米德无穷小,一般取 10^{-5}。

对于线性规划 $(D)_{C^2R}$ 的最优解 θ^0, λ^0, S^{-0}, S^{+0},若 $\theta^0 = 1$ 且 $S^{-0} + S^{+0} = 0$,则 DMU_{j0} 为 C^2R 模型下 DEA 有效,即同时为纯技术有效和规模有效;若 $\theta^0 = 1$ 且 $S^{-0} + S^{+0} > 0$,则 DMU_{j0} 为弱 DEA 有效;若 $\theta^0 < 1$,则 DMU_{j0} 为 DEA 无效。

此时,DMU_{j0} 在 DEA 有效前沿面上的投影为

$$\hat{X}_{j0} = X_{j0} - \left[(1 - \theta^0) X_{j0} + S^{-0} \right] \hat{Y}_{j0} = Y_{j0} + S^{+0} \tag{6-45}$$

由式(6-45)可确定,投入减少 $(1 - \theta^0) X_{j0} + S^{-0}$ 或者产出增加 S^{+0},可使 DMU_{j0} 转变为 DEA 有效。同时,利用其最优解还可以确定 DMU_{j0} 的规模收益状况,即规模收益是递减、不变还是递增。

(1)规模收益分析。记 $\delta^0 = \sum_{j=1}^{n} \lambda_j^0 / \theta^0$ 为决策单元的规模有效性系数,则决策单元的"规模收益"状态可根据以下条件进行判断:

①若 $\delta^0 > 1$,表示 DMU_{j0} 规模收益递减,表明此时 DMU_{j0} 在投入 X_{j0} 的基础上增加投入量,产出量不可能有更高比例的增加,没有再增加投入的必要;

②若 $\delta^0 = 1$,表示 DMU_{j0} 规模收益不变,表明此时 DMU_{j0} 已达到最大产出规模点,此时的投入规模是最有效的;

③若 $\delta^0 < 1$,表示 DMU_{j0} 规模收益递增,表明此时 DMU_{j0} 在投入 X_{j0} 的基础上增加投入量,产出量将有更高比例的增加。

(2)投入冗余率和产出不足率。DMU_{j0} 投入指标各分量的松弛变量 S_{ij0}^{-} 与对应指标分量 X_{ij0} 的比值为投入冗余率,表示该投入指标分量可节省的比例,记为 $\alpha_{ij0} = S_{ij0}^{-} / X_{ij0}$;同样的,记 $\beta_{ij0} = S_{ij0}^{+} / Y_{ij0}$ 为产出不足率,表示该产出指标分量可以增加的比例。

2)评价纯技术有效性的 C^2GS^2 模型

对于非技术有效的决策单元,C^2R 模型是不能区分是规模非有效还是纯技术非有效,且对 λ 的取值没有上限约束,这隐含了决策单元具有不变规模效益的特性。当需要判定纯技术效率时就需要对 λ 的取值进行约束,这就是 C^2GS^2 模型。

$$\min z = \left[\sigma - \varepsilon (\hat{e}^T) S^- + e^T S^+ \right]$$

$$s.t. \begin{cases} \sum_{j=1}^{n} \lambda_j X_j + S^- = \sigma X_{j0} \\ \sum_{j=1}^{n} \lambda_j Y_j - S^+ = Y_{j0} \\ \sum_{j=1}^{n} \lambda_j = 1 \\ \lambda_j \geqslant 0 \quad j = 1, 2, \cdots, n \quad S^- \geqslant 0, S^+ \geqslant 0 \end{cases} \quad (6-46)$$

对于该模型，规定：若线性规划$(D)_{C^2GS^2}$的最优解σ^0，λ^0，S^{-0}，S^{+0}满足$\sigma^0 = 1$，$S^{-0} + S^{+0} = 0$，则DMU_{j0}为C^2GS^2模型下DEA有效，即为纯技术有效。

根据DEA理论，DMU_{j0}的总体技术效率θ、纯技术效率σ和规模效率S三者之间存在如下关系：$S = \dfrac{\theta}{\sigma}$。

3）超效率SE – DEA模型

C^2R模型的缺点就是对多个同时达到DEA有效的决策单元不能做出更进一步的比较与排序，这个就是C^2R模型在运用过程中的局限性。针对C^2R模型的局限性，本书利用超效率SE – DEA模型，对已经达到DEA有效的单元做出更进一步的评价与比较。

$$\min z = \left[\theta - \varepsilon \left(\sum_{i=1}^{m} s_i^- + \sum_{r=1}^{p} s_r^+ \right) \right]$$

$$s.t. \begin{cases} \sum_{\substack{j=1 \\ j \neq k}}^{n} \lambda_j x_{ij} + si^- = \theta x_{io} \\ \sum_{\substack{j=1 \\ j \neq k}}^{n} \lambda_j y_{rj} + sr^- = y_{ro} \\ si^- \geqslant 0, \ s_r^+ \geqslant 0, \ \lambda_j \geqslant 0 \\ \theta \text{ 无约束} \\ i = 1, 2, \cdots, m \\ r = 1, 2, \cdots, p \\ j = 1, 2, \cdots, n \end{cases} \quad (6-47)$$

2. DEA评价步骤

应用 DEA 方法进行评价一般包括以下几个步骤，如图 6-4 所示。

（1）确定输入输出指标。根据对问题的分析和指标体系的构建原则，确定能反映评价目标的输入输出指标。对多项目资源配置有效性评价问题而言，输入输出指标分别是各类资源输入量与各种收益的输出值。

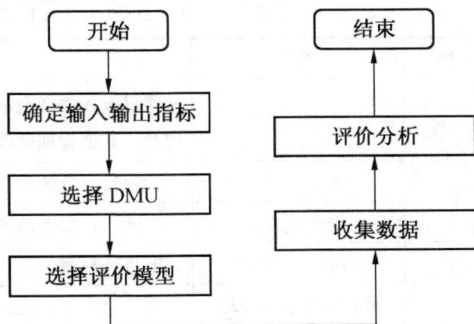

图 6-4　DEA 评价流程图

（2）选择合适的 DMU。一般来讲，选择的 DMU 对象需具有类型相同的目标、任务、外部环境和输入输出。项目可以认为是在限定的时间内消耗一定的资源（如资金、人员、设备、物料等）从而完成特定的目标（产品、服务或成果等）的实体。在多项目环境下，各类项目有着相同的资源输入与收益输出，因此可以将各类项目看作 DEA 评价模型中的 DMU。

（3）收集数据。对矿建企业集团多项目的各类数据进行收集、筛选和整理。

（4）选定评价模型。本书首先采用 C^2R 或 C^2GS^2 模型对多个项目的投入产出效率进行评估，然后利用超效率 SE-DEA 模型对同时达到 DEA 有效的项目进行更进一步的评价与排序，为管理者提供更为深入的决策支持。

（5）利用选定的模型对收集的数据进行处理，对各类项目资源配置情况进行分析，包括综合效率、技术效率、规模效率及规模收益情况等。

6.3.4　资源配置有效性评价实例

某矿建企业集团对 2011 年至 2014 年完工的 10 个矿建项目进行资源配置有效性评价。

1. 确定输入输出指标

遵循前文评价指标体系构建的原则，本书选择了 3 个输入指标和 3 个输出指标构建了本实例的评价指标体系，见表 6-26。

表6-26 多项目资源配置有效性评价指标体系

类型	指标	含　义
输入	资金（I1）	项目投入的资金额，包括自营工程直接成本、分包工程款、现场管理费、其他管理费等
	人员（I2）	为项目服务的专业技术人员及管理人员的数量
	设备（I3）	为该项目服务的设备台时占总设备台时的比例
输出	利润（O1）	项目纯利润
	客户满意度（O2）	项目业主方、地方政府等对项目满意度评分（0~100分）
	创新成果（O3）	项目产生的专利、科技奖励等成果的数量

2. 选择 DMU

本实例中将待评价的 10 个项目设定为 DMU。

3. 选择评价模型

本实例选择 C^2R 和 C^2GS^2 模型进行综合有效性评价和纯技术有效性评价，选择 SE – DEA 模型进行超效率有效性评价。

4. 收集数据

本实例待评价的 10 个项目的输入和输出指标数据见表 6 – 27。

表6-27 项目指标数据表

项目	输　　入			输　　出		
	I1	I2	I3	O1	O2	O3
项目 1	7200	66	7.79	870	87	8
项目 2	8700	68	10.81	1060	89	9
项目 3	9300	55	13.39	1010	84	12
项目 4	8500	53	10.96	980	81	11
项目 5	6700	58	8.17	830	81	9
项目 6	6200	59	7.18	850	91	7
项目 7	7700	69	9.12	900	86	14
项目 8	7500	54	9.62	820	97	5
项目 9	9700	52	15.71	1020	91	11
项目 10	7600	67	7.25	1040	82	8

5. 评价分析

选用 C^2R 和 C^2GS^2 模型，应用 DEAP2.1 计量软件，得到本实例中的多项目资源配置效率值即规模收益情况，见表 6-28 和表 6-29。

表 6-28　多项目资源配置 DEA 结果表（一）

DMU	综合效率	纯技术效率	规模效率	规模收益情况
项目 1	0.939	0.948	0.990	递增
项目 2	0.953	1.000	0.953	递减
项目 3	1.000	1.000	1.000	不变
项目 4	1.000	1.000	1.000	不变
项目 5	0.979	1.000	0.979	递增
项目 6	1.000	1.000	1.000	不变
项目 7	1.000	1.000	1.000	不变
项目 8	1.000	1.000	1.000	不变
项目 9	1.000	1.000	1.000	不变
项目 10	1.000	1.000	1.000	不变

表 6-29　多项目资源配置 DEA 结果表（二）

DMU	S_1^-	S_2^-	S_3^-	S_1^+	S_2^+	S_3^+
项目 1	23.005	0.000	0.000	47.565	0.548	0.000
项目 2	0.000	0.000	0.000	0.000	0.000	0.000
项目 3	0.000	0.000	0.000	0.000	0.000	0.000
项目 4	0.000	0.000	0.000	0.000	0.000	0.000
项目 5	0.000	0.000	0.000	0.000	0.000	0.000
项目 6	0.000	0.000	0.000	0.000	0.000	0.000
项目 7	0.000	0.000	0.000	0.000	0.000	0.000
项目 8	0.000	0.000	0.000	0.000	0.000	0.000
项目 9	0.000	0.000	0.000	0.000	0.000	0.000
项目 10	0.000	0.000	0.000	0.000	0.000	0.000

由表 6 – 28 和表 6 – 29 可知，项目 3、项目 4、项目 6、项目 7、项目 8、项目 9、项目 10 这 7 个项目综合有效值均为 1，且 $S^- + S^+ = 0$，是 DEA 有效的，同时纯技术有效和规模有效。7 个项目的规模收益不变，表明在现有的资源投入水平下，这 7 个项目已通过高质量的项目管理工作使得产出量实现最大化。项目 2 和项目 5 的纯技术效率为 1，资源配置非有效，问题是由规模无效造成的。项目 1 既非纯技术有效，又非规模有效。规模非有效的项目 1、项目 2 和项目 5 中，项目 1 和项目 5 的规模收益是递增的，在现有的资源投入的基础上应适当增加资源投入量，其产出量将会有更高程度的增加。项目 2 的规模收益为递减，应保持现有的资源投入规模或减少资源投入量。

对于综合有效值达到 1 的项目 3、项目 4、项目 6、项目 7、项目 8、项目 9、项目 10 这 7 个项目选用 SE – DEA 模型，应用 EMS1.3 软件进行才高效率 DEA 评价，结果见表 6 – 30。

表 6 – 30　多项目资源配置超效率 DEA 结果表

DMU	效率值	排名
项目 1	93.93%	10
项目 2	95.32%	9
项目 3	104.39%	7
项目 4	106.20%	6
项目 5	97.93%	8
项目 6	118.42%	3
项目 7	139.33%	1
项目 8	111.76%	4
项目 9	110.61%	5
项目 10	121.17%	2

由表 6 – 30 可知，项目 1、项目 2、项目 5 得分低于 1，为非 DEA 有效，其余 7 个项目得分均高于 1，为 DEA 有效，这与 C^2R 模型的分析结果一致，同时在 7 个 DEA 有效的项目中，其得分也不同，管理者可以据此对有效的项目进行更进一步的排序和评价。

对于项目 1，其存在投入冗余和产出不足，详细数据见表 6 – 31。

表 6 – 31 项目 1 投入产出详细数据表

指标	原始值	投入冗余值	产出不足值	DEA 有效目标值
利润	870.000	0.000	47.565	917.565
客户满意度	87.000	0.000	0.548	87.548
创新成果	8.000	0.000	0.000	8.000
资金	7200.000	– 393.915	0.000	6806.085
人员	66.000	– 3.400	0.000	62.600
设备	7.790	– 0.401	0.000	7.389

7 资源协同信息管理平台
分 析 与 设 计

矿建企业集团所承建的工程参建主体多，专业工程多，项目技术复杂，施工地点分散，这样就带来了集团公司与成员企业之间、成员企业相互之间、职能部门与项目部之间的协作困难。为了加强信息流的管理，保证多项目管理中资金协同计划、物资协同计划、设备协同计划和人力资源协同计划数据的全面性、及时性和准确性，为各种关键资源优化配置提供全面可靠的数据，有必要利用先进的计算机和网络技术，建立矿建企业集团资源协同信息管理平台，实现矿建企业集团内部母公司、子公司和项目部之间，职能部门之间信息的共享，达到数据采集便捷化、数据传递网络化、数据处理自动化和数据存储集中化。

任何信息系统的设计和开发都必须依托于某一核心管理思想、理念和方法，管理理论是信息系统开发的指引和总线，信息系统则是管理理论和方法实施的平台和载体。对于矿建企业集团资源协同管理平台来说，资源协同的基础原理和方法、多项目管理的基本理论和手段，均是该信息平台分析和设计的理论依据和核心思想。同时，本书提出的矿建企业集团资源协同管理组织体系、计划体系、资源优化配置模型都为该信息平台的研发提供了组织架构、业务流程和模型算法方面的基础，信息平台分析和设计的全过程都应紧密围绕这些理论、方法、模型和流程进行。

下面将对矿建企业集团资源协同信息管理平台的数据流、功能结构和关键子系统的管理业务流程、数据流程进行分析和设计，建立矿建企业集团资源协同信息管理平台的概念模型。

7.1　资源协同信息管理平台总体设计

7.1.1　数据流设计

矿建企业集团资源协同信息管理平台采用 B/S 架构，通过信息流的向上传递，将项目管理过程中的进度、成本、质量、安全、物资、设备、人员、合同等信息采集上报到工程项目业务处理系统中，经子公司和集团母公司归口职能部门汇总审批后，传递到矿建企业集团母公司决策层；通过信息流的向下流动，将矿建企业集团母公司决策层和母公司职能部门的经营战略、关键资源优化调度方案、子公司职能部门的各类审批回执信息传递给项目部，实现信息的"上传下达"。矿建企业集团资源协同信息管理平台数据流图如图 7-1 所示。

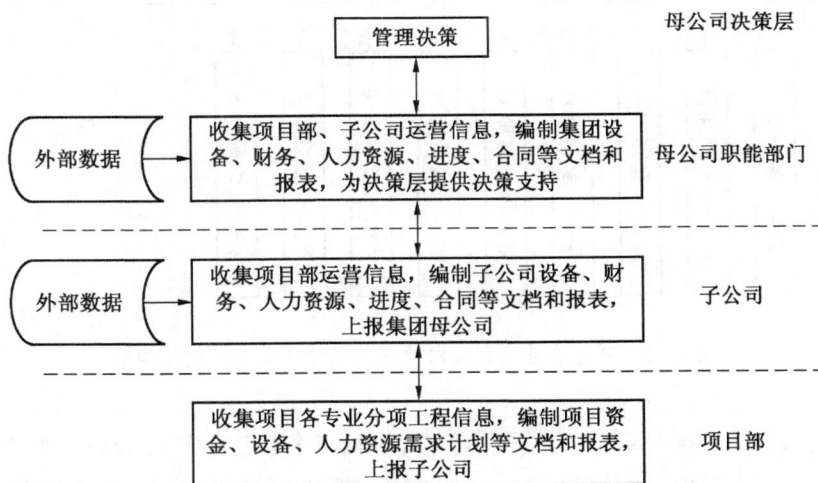

图 7-1　矿建企业集团资源协同信息管理平台数据流图

7.1.2　功能设计

遵循模块化系统设计的思想，结合矿建企业集团工程项目的特点和实际，本书规划了矿建企业集团资源协同信息管理平台功能结构，如图 7-2 所示。

1. 计划与决策支持系统

计划与决策支持系统主要为矿建企业集团母公司、子公司、项目部三个层次的管理者提供查询、统计项目管理信息的功能，能够根据管理层次划分和管理业务分工进行相应的权限设置，查询和汇总各类业务数据，为管理者的决策提供可靠的支持。主要包括以下两个子系统。

（1）计划管理子系统。该子系统内容上包括形象进度、产值、质量、物资、资金、各类经营指标等方面；范围上应包括年度计划、季度计划、月计划、周计划和日计划。

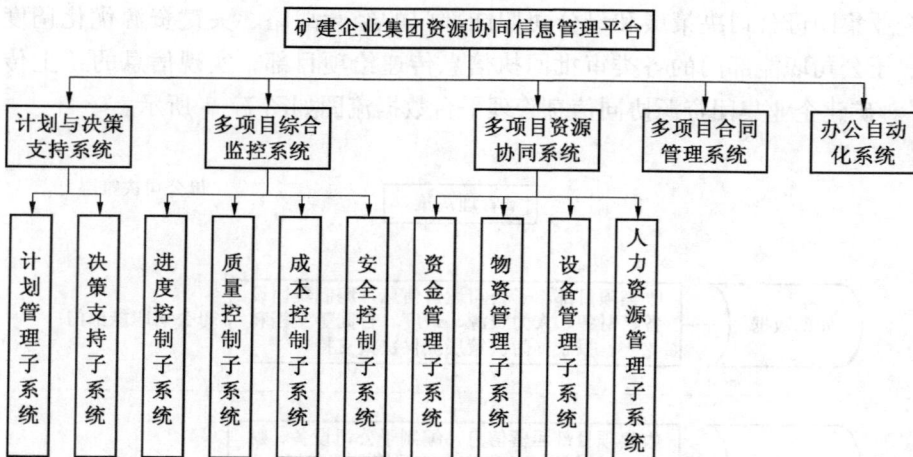

图 7 - 2　矿建企业集团资源协同信息管理平台功能结构图

（2）决策支持子系统。该子系统实现平衡点分析、敏感性分析、概率分析、决策树分析，自动生成分析报告；自动实现实际与计划的对比，对出现重大偏差的关键因素进行识别。对进度、成本、质量、安全的关联优化进行多因素分析，自动生成优化备选方案供决策者选择。

2. 多项目综合监控系统

该模块实现对所有项目的进度、成本、质量、安全的动态监控，随时掌握实际情况，可对多个项目进行横向、纵向对比，输出相应报表。主要包括以下四个子系统。

（1）进度控制子系统。基于 WBS 的动态进度管理，制定项目里程碑计划及细化到月/周的实施进度计划。根据工程量、资源计划安排及实施情况自动计算各工序的工期、资源消耗、成本状况，合理配置资源，动态掌控项目实际进度，防范项目时间风险。可在工作信息表和单、双代号图中录入工序相关信息和逻辑关系，自动生成各种复杂网络模型。可同时生成横道图、单代号、双代号网络图。通过前锋线动态跟踪与调整实际进度，及时发现偏差并采取纠偏措施，实现"进度计划→分解执行→进度监控→反馈调整"的 PDCA 进度管理闭环。

（2）成本控制子系统。进行成本目标分解，制定合理的成本控制标准，建立成本控制指标，严格监控项目超预算的成本支出，项目变更造成的成本超支等；利用挣值法进行多项目成本进行跟踪与动态调整，动态分析各项目成本，对多个项目进行主要技术经济指标的比较。

（3）质量控制子系统。质量控制子系统包括质量规划、质量控制等模块。以"质量安全计划—计划执行—监督反馈—整改检查"的 PDCA 管理闭环为管控手段，强调工程质量管理的计划性、可控性。使质量问题及时发现、切实改正，最大限度地降低工程质量风险。使用该子系统可生成各种直方图、因果分析图、各类控制图、排列图、趋势分析图等，辅助管理者决策。

（4）安全控制子系统。安全控制子系统包括项目安全管理的目标制定、目标分解、目标执行抽样监控以及安全评价等模块。该子系统实现多项目安全的全过程目标管理，对多个项目的各项安全明细数据进行查询、统计、排序、分类和分析。

3. 多项目资源协同系统

对多个项目的资金、设备、物资、人员等资源进行统一管理和调度，实现矿建企业集团的资源共享，主要包括以下四个子系统。

1）资金管理子系统

（1）资金支付计划编制：项目部根据多项目协同进度计划自动统计阶段性资金需求，生成阶段性的自营工程直接费、分包工程款、现场管理费用和其他费用计划；

（2）收款计划编制：项目部根据签订的承包合同，自动生成阶段性项目收款计划，包括收款时间、形象进度（或实物工程量）和收款金额等；

（3）预算编制：子公司、集团母公司统计并录入日常开支成本、盈余资金、日常流动资金、其他收入、还贷及利息等数据，自动生成集团母公司及子公司阶段性资金预算；

（4）融资计划编制：集团母公司资金结算中心根据统计汇总的项目部、子公司、集团母公司的资金缺口，自动生成矿建企业集团阶段性融资计划；

（5）资金调配决策：集团母公司资金结算中心、子公司资金结算分中心对矿建企业集团的资金，使用本书构建的资金优化调度模型进行集中调度，生成资金多项目优化分配方案。

2）物资管理子系统

（1）物资供应商管理：实现物资供应商信息维护、供应商评价等功能；

（2）物资基本信息维护：对各种生产用物资的基本信息进行维护，包括物资编码、规格型号、计量单位、单价、各种消耗分类等，为所有物资管理模块提供物资基本数据；

（3）物资计划管理：参照多项目进度计划，实现物资需求计划、物资招标计划、物资使用计划的多层次、多阶段自动统计和汇总，实现多级别的自动审批和执行监控；

（4）招投标管理：参照审批通过的各层级物资招标计划和物资供应商信息，实现自动的比质比价和供应商选择，包括招标、投标和评标等功能。

3）设备管理子系统

（1）设备基本信息维护：实现设备编码、设备型号、单价、生产厂商、图号等设备基本信息的管理，为设备管理各个模块提供各种设备基础信息；

（2）设备供应商管理：设备供应商管理的主要功能包括设备供应商准入审核、供应商评价、设备供应商名录发布等，为设备采购、租赁等业务提供供应商基础数据；

（3）设备计划管理：实现设备使用需求计划、设备使用追加计划、设备采购计划和设备租赁计划的录入、审批和执行监控等功能；

（4）设备招投标管理：针对设备计划，组织集中招投标，完成设备供应商、设备租赁供应商的自动优选；

（5）设备台账管理：实现设备入账、设备调拨、设备报废、设备让售等信息的采集和汇总查询与统计；

（6）设备动态管理：实现设备动态信息的实时管理，为设备调拨提供设备动态信息；

（7）设备优化配置：利用本书提出的设备优化调度模型，结合项目信息和设备动态信息，自动生成设备优化调度方案。

4）人力资源管理子系统

（1）员工信息维护：实现矿建企业集团全员信息管理；

（2）人力资源规划管理：实现各级管理组织人力资源需求计划的采集、传递和审批；

（3）人员招聘管理：实现人力资源招聘各类数据的管理；

（4）人事合同管理：实现人事合同添加、修改、删除等维护操作，方便各类用户的查询和浏览；

（5）人员调动管理：实现调动信息的录入和多级审批，审批通过的调动手续自动更新员工基本信息；

（6）知识市场管理：实现知识的发布、审批、交易、核实等功能，完成知识的全过程管理；

（7）人员优化配置：利用本书提出的人员优化调度模型，实现各类管理及技术人员的优化配置，自动生成配置方案。

4. 多项目合同管理系统

对合同实行分类管理，包括主合同、分包合同、物资采购合同，设备采购合同、设备租赁合同、劳务合同等纵横向合同；以合同费用为核心，以合同费用的变更、支付为主线进行管理，包括合同登记管理、合同执行管理、合同变更管理和合同查询管理等功能。

5. 办公自动化系统

采用工作流技术，对矿建工程多项目的文档、公文进行有效的传递、审批、核实等，实现矿建企业集团母公司、子公司、项目部三级机构 OA 信息的有效传递和管理，实现协同办公。

7.2　关键子系统设计

7.2.1　资金管理子系统

1. 管理业务流程分析

（1）各项目部根据工程分包合同对工程分包合同款进行统计，结合自营工程直接费用，按比例计提现场管理费和其他费用，编制项目资金支付计划。

（2）各项目部根据项目承包合同，结合工程项目形象进度编制项目收款计划，提交资金结算分中心审批。

（3）子公司各职能部门、集团母公司各职能部门编制日常成本开支、日常流动资金、其他收入等阶段性资金预算。

（4）资金结算中心根据各项目的资金支付计划、收款计划、分子公司和集团母公司的阶段性预算，结合资金结算分中心和资金结算中心的资金盈余，汇总统计集团资金缺口；采用本书提出的"融资计划决策模型"制定融资方案。

（5）采用本书提出的"资金集中优化调配"模型制定多项目资金分配方案。

2. 数据流程设计

资金管理子系统数据流如图7-3所示。

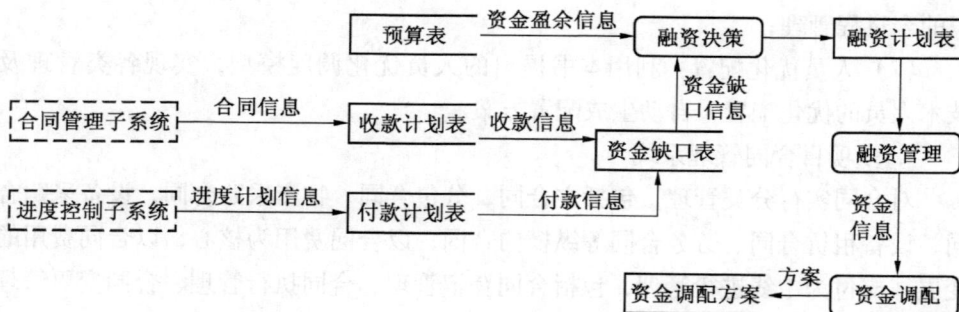

图7-3 资金管理子系统数据流程图

7.2.2 设备管理子系统

1. 管理业务流程分析

（1）项目部编制设备资源使用需求计划，结合项目部设备动态台账信息生成设备采购交易计划，提交给子公司采购交易分中心和集团母公司采购交易中心。项目进展过程中根据项目的需要编制设备月度使用补充计划。

（2）子公司和集团母公司对项目部上报的设备采购交易计划进行汇总，进行采购和租赁技术经济分析，确定采购数量和交易数量，然后进行采购招标和租赁招标。

（3）执行采购合同和租赁合同，完成设备验收入库，形成设备库存。采购交易分中心和采购交易中心获取项目设备调度需求后，查看设备动态台账，采用本书构建的"设备集中优化调度"模型编制多项目设备调度方案。

2. 数据流程设计

设备管理子系统的数据流如图7-4所示。

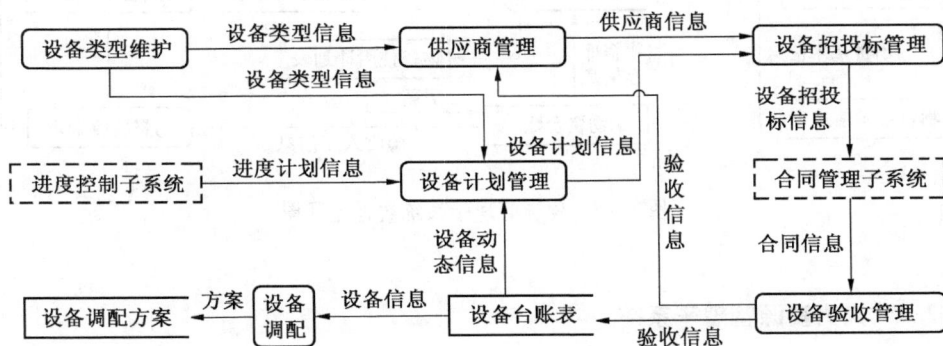

图7-4　设备管理子系统数据流程图

7.2.3　物资管理子系统

1. 管理业务流程分析

（1）根据总体进度计划、专业施工进度计划和阶段性进度计划，物资管理子系统统计阶段性的物资需求计划，生成项目物资总计划、年度计划、季度计划和月度计划。各项目部编制月度物资招标计划，上报子公司采购交易分中心及总部采购交易中心。

（2）采购交易分中心和采购交易中心对上报的项目招标计划进行分级审批，按照材料的品种、规格、型号、片区等打包形成物资集中招标计划。

（3）采购交易分中心、采购交易中心进行物资采购招标，与供应商签订物资供应合同。供应商组织物资配送，完成验收入库，形成物资库存；项目部根据工程进展编制、提交和审批物资使用计划，领取物资投入生产。

2. 数据流程设计

物资管理系统的数据流如图7-5所示。

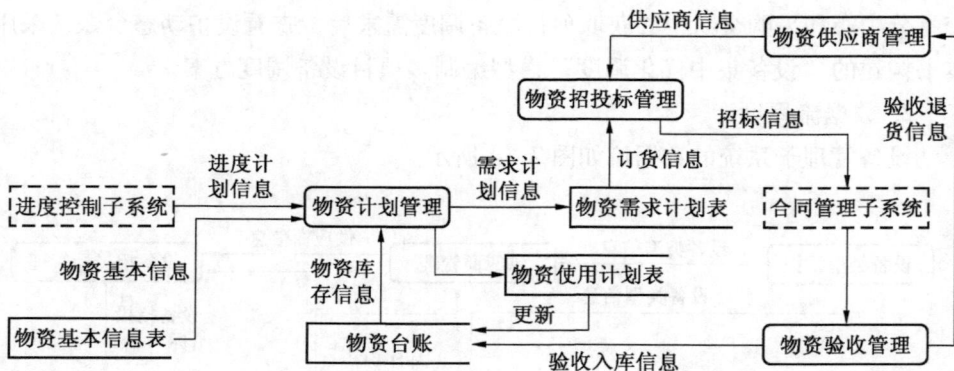

图7-5 物资管理子系统数据流程图

7.2.4 人力资源管理子系统

1. 管理业务流程分析

（1）项目部、子公司及集团母公司各级人力资源管理人员采集员工基本信息。

（2）项目部、子公司及集团母公司各级人力资源管理人员采集员工档案信息。

（3）根据总体进度计划、专业施工进度计划和阶段性进度计划，人力资源管理子系统智能统计阶段性的人员需求计划，自动生成项目人员总需求计划。

（4）项目部、子公司及集团母公司各级人力资源管理人员采集人力资源规划信息。

（5）项目部、子公司及集团母公司各级人力资源管理人员实施人员招聘，更新员工基本信息和档案信息。

（6）项目部、子公司及集团母公司各级人力资源管理人员录入人员调动申请，各审批环节审批通过后在制定日期调动生效；任何一级审批不通过调动申请作废。

（7）项目部、子公司及集团母公司各级人力资源管理人员录入要发布的知识，各级机构或个人作为买方搜索和购买知识，卖方核实交易事务后交易生效。

（8）集团母公司人力资源中心选择待分配的人员，参照项目基本信息，采用本书提出的人员优化调度模型在多个项目间完成人员调度和配置。

2. 数据流程设计

人力资源管理系统的数据流如图7-6所示。

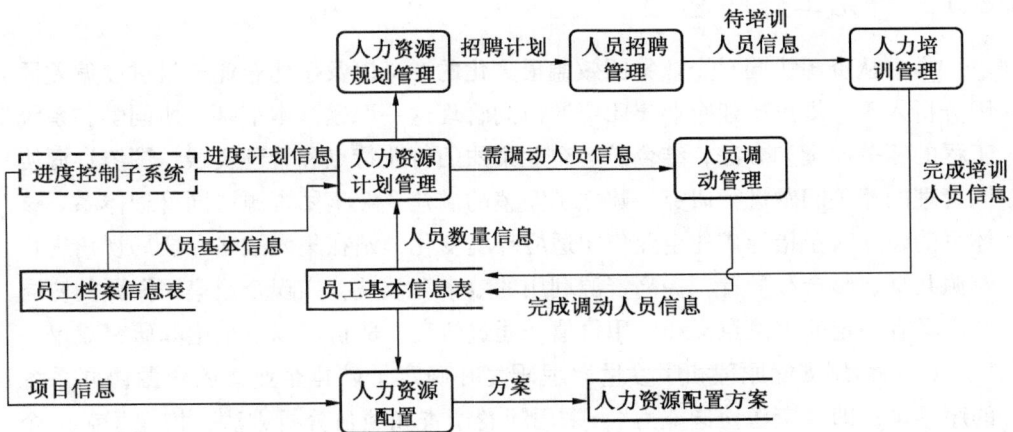

图7-6 人力资源管理子系统数据流程图

8 总结与展望

8.1 研究工作的总结

本书从资源协同对企业集团效益最大化的意义以及矿建企业项目进度偏差原因分析入手，提出矿建企业集团资源协同管理这一课题。本书基于协同学和系统工程的相关原理和方法，结合矿建企业集团的行业特点和管理实践，围绕资源协同管理的相关问题进行研究，建立了完整的矿建企业集团资源协同管理体系。该体系的建立对于指导矿建企业集团适应环境变化，站在集团战略和全局视角进行资源共享、整合和配置，提高资源利用的效率和效益，实现企业集团资源的协同效应具有一定的理论意义和应用价值。通过研究，取得了以下结论和研究成果。

（1）运用支配原理和序参量原理研究并确定了矿建企业集团资源协同系统的序参量，即"资源协同能力"；采用问卷调查和项目分析方法，构建了矿建企业集团资源协同能力影响因素量表；采用因子分析方法提取了资源协同能力的影响因子，确定了资源协同能力提升的路径，为资源协同管理体系的构建提供了思路，为矿建企业集团提高资源协同能力提供了指引。

（2）基于 PMO 理论，结合资源协同管理的需求，设计了组织体系总体框架和详细结构，构建了资源协同管理组织体系。该组织体系对矿建企业集团资源协同管理组织构建具有重要的指导意义。

（3）采用流程再造的方法，设计了资金、设备、物资和人力资源的协同计划体系。该协同计划体系对矿建企业集团资源协同业务流程的设计和优化具有较强的借鉴意义。

（4）基于 BSC 概念模型，建立了多项目优先级评价指标体系，提出了 FAHP 和熵权法集成的权重确定方法，构建了基于 TOPSIS 法的多项目优先级评价模型；设计了基于项目优先级的资金、设备、人力资源优化配置模型，给出了相应的求解算法；构建了基于超效率 DEA 的资源优化配置有效性评价体系，为资源协同管理体系提供资源优化配置模型和方法的基础。本部分提出的资源优化配置模型对矿建企业集团在多项目之间进行资源的整合、调度和分配具有重要的参考价值。

（5）采用结构化开发方法，分析了资源协同信息管理平台数据流程和管理业务流程，设计了系统功能结构。本部分研究成果为矿建企业集团资源协同管理信息平台的研发提供了概念模型。

8.2　主要创新点

（1）创建了主、客观集成指标权重确定方法，改进了多项目资源配置有效性评价模型。在多项目优先级评价问题的研究中，考虑专家判断的模糊性和实测数据的客观性，创建了 FAHP 和熵权法集成的权重计算方法，提高了多项目优先级评价指标权重的科学性和合理性。提出了基于超效率 DEA 的多项目资源配置有效性评价模型，克服了传统 DEA 资源配置有效性评价中只能判别有效和无效两种状态的问题，实现了多项目资源优化配置效率的完全排序。

（2）创建了基于项目优先级的资源优化配置模型。构建了多项目优先级评价体系，基于项目优先级设计了资金、人力资源和设备三种资源的优化配置模型。在人力资源和设备优化配置模型中提出了两阶段优化方法（多项目开工时间优化和资源配置优化）以提高优化决策过程的效率；设备优化配置模型引入了设备服务的时间窗参数，该配置模型能够有效减少设备的闲置时间。

（3）开发了矿建企业集团资源协同能力影响因素量表。由于目前文献中未见得到公认的企业集团资源协同能力影响因素量表，本书采用文献研究、问卷调查和项目分析的方法，开发了矿建企业集团资源协同能力影响因素量表，丰富了资源协同管理的理论体系。

8.3　研究工作的展望

本书在以下三方面存在不足，有待后续更进一步的研究和完善：

（1）本书提出的矿建企业集团资源协同管理组织体系有待进一步完善。横向维度，需考虑不同集权松散程度的矿建企业集团的管理需求；纵向维度，需要考虑处于企业生命周期的不同阶段，矿建企业集团资源协同管理问题出现的新要求和新变化。

（2）对资源优化配置模型进行完善，以期更符合矿建企业管理实际需求。例如，设备资源优化配置模型中，可进一步考虑同一类型的、不同效能（单位时间工作能力）的、不同运行维护成本的多台设备的优化调度问题；资金、设备和人员优化配置过程中进一步考虑带时间参数的资源库的动态变化问题，进一步提高模型的实用性。

（3）多项目优先级评价指标体系中，指标体系的设计有待在现有平衡计分卡经典四维度的基础上进行扩展，以突出矿建行业的特点。

附录

附录 A　矿建企业集团资源协同能力影响
因素半开放式问卷

尊敬的女士/先生：

您好！首先非常感谢您在百忙之中参与本次调查。本次调查的目的在于了解矿建企业集团资源协同能力影响因素的情况。您的回答将作为我们研究的重要依据，恳请您根据实际情况认真填写，独立完整这份问卷，尽可能回答所有问题，我们将对您提供的信息严格保密。希望能够得到您的支持，谢谢。

本研究希望总结影响矿建企业集团资源协同能力的指标，并以此建立资源协同影响因素量表。请您列出您认为重要的资源协同能力影响因素指标：

1.	6.
2.	7.
3.	8.
4.	9.
5.	10.

以下是通过文献阅读总结前人研究成果得出的一些影响指标，请您凭您的经验判断以下指标对矿建企业集团资源协同能力影响的有效程度。以下共 11 项指标，请对各指标的有效性（即能否将该因素视为矿建企业集团资源协同能力影响因素）进行评分，用 1~5 表示，"1"表示"非常不重要"，"5"表示"非常重要"。请在与您想法相同的数字上画"√"。

请您根据您的理解和判断选择合适的分数。各个分数的含义如下：

1	2	3	4	5
非常不重要	不重要	不能确定	重要	非常重要

序号	题　项	1	2	3	4	5
a1	企业内部部门、职能等设置合理					
a2	企业各种管理业务程序设置合理					
a3	企业拥有资源协同的技术方法					
a4	企业组织架构能满足多项目管理需求					
a5	员工有资源协同的意识和认知					
a6	企业规章制度执行力强					
a7	企业管理工作计算机化和网络化程度高					
a8	企业管理人员对资源协同重视					
a9	企业网络、设备等硬件技术先进					
a10	企业管理人员具备资源协同管理技能					
a11	集团公司与成员企业的战略一致性					

其他意见及建议：_____

_____

_____

_____

_____。

附录 B　矿建企业集团资源协同能力
影响因素预试问卷

尊敬的女士/先生：

　　您好！首先非常感谢您在百忙之中参与本次调查。本次调查的目的在于了解矿建企业集团资源协同能力影响因素的情况。您的回答将作为我们研究的重要依据，恳请您根据实际情况认真填写，独立完整这份问卷，尽可能回答所有问题，我们将对您提供的信息严格保密。希望能够得到您的支持，谢谢。

　　请您凭您的经验判断以下指标对矿建企业集团资源协同能力影响的有效程度。以下共18项指标，请对各指标的有效性（即能否将该因素视为矿建企业集团资源协同能力影响因素）进行评分，用1~5表示，"1"表示"非常不重要"，

"5" 表示 "非常重要"。请在与您想法相同的数字上画 "√"。

请您根据您的理解和判断选择合适的分数。各个分数的含义如下：

1	2	3	4	5
非常不重要	不重要	不能确定	重要	非常重要

序号	题 项	1	2	3	4	5
a1	企业内部部门、职能等设置合理					
a2	企业内部建立资源协同的管理氛围					
a3	企业各种管理业务程序设置合理					
a4	企业拥有资源协同的决策支持模型					
a5	企业管理软件运行效率高					
a6	企业组织架构能满足多项目管理需求					
a7	企业管理组织设置具有柔性和灵活性					
a8	员工有资源协同的意识和认知					
a9	资源协同理念对管理行为具有规范作用					
a10	集团公司与成员企业之间管理程序一致					
a11	企业规章制度执行力强					
a12	企业管理工作信息化程度高					
a13	企业管理人员对资源协同重视					
a14	企业网络、设备等硬件技术先进					
a15	企业一般员工对资源协同的配合及参与					
a16	企业管理人员具备资源协同管理技能					
a17	企业一般员工具备资源协同作业技能					
a18	集团公司与成员企业的战略一致性					

附录 C　矿建企业集团资源协同能力调查问卷

尊敬的女士/先生：

您好！首先非常感谢您在百忙之中参与本次调查。您的回答将作为我们研究的重要依据，恳请您根据实际情况认真填写，我们将对您提供的信息严格保密。

希望能够得到您的支持，谢谢。

以下是通过文献梳理和专家访谈确立的矿建企业集团资源协同能力影响因素指标，请您判断贵公司下述 18 个指标的实际情况，并进行评分。评分用 1~5 表示，"1" 表示 "完全不符合"，"5" 表示 "完全符合"，请在相应的数字上画 "√"。

第一部分　公司基本情况

1. 公司名称：

2. 公司成立时间：

3. 公司所在地区：

4. 公司规模：

□500 万~1000 万元　　　□1000 万~5000 万元　　　□5000 万~1 亿元

□1 亿~3 亿元　　　□3 亿元以上

5. 公司子公司（包括全资、控股、参股）数量：

第二部分　问　卷　表　格

请根据您对贵公司实际情况的判断选择选择合适的分数。各个分数的含义如下：

1	2	3	4	5
完全不符合	基本不符合	不能确定	基本符合	完全符合

序号	题　项	1	2	3	4	5
a1	企业内部部门、职能等设置合理					
a2	企业内部建立资源协同的管理氛围					
a3	企业各种管理业务程序设置合理					
a4	企业拥有资源协同的决策支持模型					
a5	企业管理软件运行效率高					
a6	企业组织架构能满足多项目管理需求					
a7	企业管理组织设置具有柔性和灵活性					
a8	员工有资源协同的意识和认知					
a9	资源协同理念对管理行为具有规范作用					

（续）

序号	题　项	1	2	3	4	5
a10	集团公司与成员企业之间管理程序一致					
a11	企业规章制度执行力强					
a12	企业管理工作信息化程度高					
a13	企业管理人员对资源协同重视					
a14	企业网络、设备等硬件技术先进					
a15	企业一般员工对资源协同的配合及参与					
a16	企业管理人员具备资源协同管理技能					
a17	企业一般员工具备资源协同作业技能					
a18	集团公司与成员企业的战略一致性					

参 考 文 献

[1] 孙莉芬，张要一．大型建筑工程企业多项目管理组织结构设计的探讨［J］．项目管理技术，2008，（4）：26–30.

[2] 张华明．多项目下的项目型企业组织结构初探［J］．现代管理科学，2005，（4）：99–100.

[3] 祁神军，丁烈云，骆汉宾．大型工程项目工序工期精准预测方法研究［J］．重庆建筑大学学报，2007，（6）：141–144.

[4] 赵培，苏振民，金少军．精益建造中最后计划者体系的衡量及实践意义［J］．商业时代，2008，（4）：48–49.

[5] 丁烈云，祁神军，骆汉宾．建设企业集团的管理创新与信息化支持［J］．建筑经济，2008，（6）：8–11.

[6] 高建民，林志航，陈富民，等．基于企业集团化管理的制造资源计划系统［J］．中国机械工程，1999，（5）：516–519.

[7] 宫俊涛，孙林岩，孙传姣．大宗物资集中采购的调运计划研究［J］．中国管理科学，2005，（4）：51–56.

[8] 方炜，欧立雄．多项目环境下新产品研发项目资源分配问题研究［J］．管理工程学报，2005，（S1）：6–10.

[9] Ansoff. CorPorate Strategy［M］. Newyork：McGraw—Hill，1965.

[10] 迈克尔·波特．竞争优势［M］．北京：华夏出版社，1997.

[11] Chatterjee s. TyPes of Synery and Economic Value：The Impact of Acquisituions on Mergering and Rival Firms［J］. Strategic Management Journal，1980，（7）.

[12] M. Lubaktin. Merger Strategies and Stockholder Value［J］. Strategic Management Journal，1987，（8）.

[13] 罗伯特·S.卡普兰，戴维·P.诺顿．组织协同：运用平衡计分卡创造企业合力［M］．博意门咨询公司译．北京：商务印书馆，2006.

[14] 应可福，薛恒新．企业集团管理中的协同效应研究［J］．华东经济管理，2004，（5）：135–138.

[15] 韵江，刘立，高杰．企业集团的价值创造与协同效应的实现机制［J］．财经问题研究，2006，（4）.

[16] 朱沁夫，张萍，周再福．生产要素协同作用与企业效率初探［J］．湖南大学学报（社会科学版），2000，（9）：83–86.

[17] 顾保国．企业集团协同经济研究［D］．复旦大学，2003.

[18] 许可，徐二明．企业资源学派与能力学派的回顾与比较［J］．经济管理，2002，（2）.

[19] Michael Tobis，Iren P Tobis. 多项目管理［M］．北京：机械工业出版社，2003.

［20］伍洋．项目组合管理的过程研究［D］．天津：天津大学，2006.

［21］樊仕君．多项目组合的进度控制和资源优化配置［J］．项目管理技术，2008，（S1）：326－329.

［22］Project Management Institute. 项目组合管理标准（第2版）［M］．北京：电子工业出版社，2009.

［23］Scot Fricke, Aaron Shenhar. Managing Multiple Engineering Projects in a Manufacturing Support Environment［J］．IEEE Transactions on Engineering Management, 2000, 47（2）：258－268.

［24］Suvi Elonen, Karlos Artto. Problems in Managing Internal Development Projects In Multi－Project Environment［J］．International Journal of Project Management, 2003, 21（6）：395－402.

［25］Pin－Yu veronica Chu, yeh－liang Hsu, Michael Fehling. A decision support system for project portfolio selection［J］．Computers in Industry, 1996（32）：141－149.

［26］Chinho Lin, ping－jung Hsieh. A fuzzy decision support system for strategic portfolio management［J］．Decision Support System, 2004（38）：383－389.

［27］Roland Gareis. Professional Project Portfolio Management［C］．Presented at the IPMA World Congress, Berlin. 2002.

［28］Mark Lycett, Andreas Rassau, John Danson. Programme Management：A Critical Review［J］．International Journal of project Management, 2004, 22（4）：289－299.

［29］Michel Thirty. For DAD：A Programme Management Life－Cycle Process［J］．International Journal of Project Management, 2004, 22（3）：245－252.

［30］Roderic Gray. Alternative Approaches to Programme Management［J］．International Journal of Project Management, 1997, 15（1）：5－12.

［31］Sergio Pellegrinelli. Programme Management Organizing Project－Based Change［J］．International Journal of Project Management, 1997, 15（3）：141－149.

［32］Gray, Bamford. Issues in Programme Integration［J］．International Journal of Project Management, 1997, 17（6）：361－366.

［33］白思俊．中国项目管理的发展现状及趋向［J］．项目管理技术，2003，（1）：7－11.

［34］蒋景楠，余斌．多项目管理探究［J］．技术经济与管理研究，2006，（2）：83－85.

［35］杨雪松，胡昊．基于关键链方法的多项目管理［J］．工业工程与管理，2005，（2）：48－52.

［36］祁神军，丁烈云．建设企业集团多项目管理体制创新研究［J］．建筑经济，2009，（8）：83－86.

［37］祁神军．建设企业集团多项目资源优化配置研究［D］．武汉：华中科技大学，2009.

［38］向华．多项目管理中的项目组织、规划、沟通与冲突管理［J］．产业与科技论坛，

2007，（10）：182－183.

［39］Tyson R. Browning. Applying the Design Structure Matrix to System Decomposition and New Direction ［J］. IEEE Transactions on Enbineering Management，2001，48（3）：292－306.

［40］Suvi Elonen，karlos A. Artto. Problems in managing internal development projects in multi－project environments ［J］. International Journal of Project Management，2003（21）：395－402.

［41］Van Der Merwe A P. Multi－Project management organizational structure and control ［J］. International Journal of Project Management，1997，15（4）：223－233.

［42］Christine Xiaoyi Dai，William G. Wells. An exploration of project management office features and their relationship to project performance ［J］. International Journal of Project Management，2004，22：523－532.

［43］Andrew May，Chris Carter. A case study of virtual team working in the European automotive industry ［J］. International Journal of Industrial Ergonomics，2001，27：171－186.

［44］Krejci，Gerhard P. Project management with virtual teams? ［J］Gruppendynamik－Zeitschrift fur angewandte Sozialpsychologie，2009，（40）：303－314.

［45］邢以群，郑心怡. 一种新的多项目管理模式——流程导向型组织结构模式探讨 ［J］. 软科学，2003，（4）：42－45.

［46］蒋先旺. 一种基于多项目管理的组织结构模式 ［J］. 导弹与航天运载技术，2007，（1）：54－56.

［47］李希胜，张家颖. 基于 MPOP 流程导向型的建筑企业多项目组织结构研究 ［J］. 建筑经济，2011，（10）：100－103.

［48］王祖和，聂香. 基于 PMO 的企业项目管理组织结构 ［J］. 项目管理技术，2008，（2）：15－19.

［49］毛辛培. 基于博弈模型的施工类企业项目协调机制研究 ［J］. 项目管理技术，2014，（11）：9－11.

［50］王长峰，张杰. 研发企业矩阵式管理中职能经理与项目经理博弈模型研究 ［J］. 项目管理技术，2010，（2）：73－78.

［51］Thamhain，H. J.，Wilemon，D. L. Conflict management in project life cycles ［J］. Sloan Management Review，1975，16（3）：31－50.

［52］Zohar Laslo，Albert I. Goldberg. Resource Allocation Under Uncertainty in A Multi－Project Matrix Environment：Is Organizational Conflict Inevitable ［J］. International Journal of Project Management，2008，（10）：774－787.

［53］Mats Engwall，Anna Jerbrant. The Resource Allocation Syndrome：The Prime Challenge of Multi－Project Management ［J］. International Journal of Project Management，2003，（9）：404－409.

［54］ Abdullah，A. M. and Vickridge，I. G. Best Practice for Multi – Project Management in the Construction Industry ［C］. Proceedings of RICS COBRA Conference – The Challenge of Change：Construction and Building for the New Millennium，1999，（2）：169 – 179.

［55］ Abdullah，A. M. and Vickridge，I. G. The Extent of Multi – Project Management Implementation in the UK Construction Industry ［C］. Proceedings of the 16th Annual Conference ARCOM，2000，（2）：137 – 46.

［56］ Bernard Aritua，Nigel J. Smith，Denise Bower. Construction Client Multi – Projects：A Complex Adaptive Systems Perspective ［J］. International Journal of Project Management，2009，（27）：72 – 29.

［57］ Nick G. Blismas，William D. Sher，Antony Thorpe，etc. Factors influencing project delivery within construction clients' multi – project environment ［J］. Engineering，Construction and Architectural Management，2004，11（2）：113 – 125.

［58］ Eddie W. L. Cheng，Heng Li. Analytic Network Process Applied to Project Selection ［J］. Journal Of Construction Engineering And Management，2005，（4）：459 – 466.

［59］ William R. B，Nawaz Sharif. A conceptual Framework for Ranking R&D Projects ［J］. Transactions on Engineering Management，2008，（5）：267 – 277.

［60］ 马宏伟，贺国海. 多项目管理在大型建筑企业工程项目中的应用研究 ［J］. 管理工程学报，2005，（19）：121 – 123.

［61］ 邓利辉. 建筑企业多项目管理冲突问题研究 ［D］. 广州：华南理工大学，2010.

［62］ 徐洪明. 建筑企业多项目优先级评价研究 ［D］. 天津：天津财经大学，2010.

［63］ 谭云涛，郭波，郑敏. 企业多项目管理中的优先排序问题研究 ［J］. 管理工程学报，2005，（119）：152 – 155.

［64］ 单汨源，张丽，吴娟. 基于 RAGA—AHP 法的项目优先级评定研究 ［J］ 科技管理研究，2008，（3）：271 – 274.

［65］ 李元元，周国华，韩姣杰. 基于熵权的改进 TOPSIS 法在多项目优先级评价中的应用 ［J］. 统计与决策，2008，（14）：159 – 160.

［66］ 程启月. 评测指标权重确定的结构熵权法 ［J］. 系统工程理论与实践，2010，（7）：125 – 130.

［67］ 林晶晶，周国华. 基于优先级的关键链多项目管理研究 ［J］. 科技管理研究，2009，（8）：131 – 133.

［68］ 曾玉成，李敏榆，曾粟. 基于企业战略的多项目资源配置优先级评价 ［J］. 统计与决策，2011，（11）：38 – 40.

［69］ 杨立志. 多项目优先级评价模型及应用 ［J］. 统计与决策，2013，（10）：77 – 78.

［70］ Mats Engwalla，Anna Jerbrantb. The source allocation syndrome：the prime of multi – project management. International Journal of Project Management，2003，10：403 – 409.

［71］Soo Yong Kim, Robert Leachman. Multi – Project Scheduling with Explicit Lateness Cost ［J］. IIE Transactions, 1993, 25 (2): 34 – 43.

［72］Fatemi Ghomi, Ashjari. A Simulation Model for Multi – Project Resource Allocation ［J］. International Journal of Project Management, 2002, 20 (2): 127 – 130.

［73］S. M. T Fatemi Ghomi, Ashjari. A simulation Model for Multi – project Resource Allocation ［J］. International Journal of Project Management, 2002, 20: 127 – 130.

［74］谈烨, 仲伟俊, 徐南荣. 多种资源在多项目间分配的两层决策方法 ［J］. 系统工程学报, 1999, (3): 290 – 295.

［75］李敬花. 遗传蚁群融合算法求解多项目资源能力平衡问题 ［J］. 计算机集成制造系统, 2010, (3): 643 – 649.

［76］寿涌毅. 多项目资源配置的拉格朗日分解方法 ［J］. 数量经济技术经济研究, 2004, (8): 98 – 102.

［77］陈宁, 章雪岩, 武振业, 等. 基于随机理论的多项目资源配置模型及应用研究 ［J］. 中国管理科学, 2006, (4): 75 – 80.

［78］黄小荣, 杜百岗, 戴伟. 基于排队论的动态多项目资源配置方法研究 ［J］. 湖北理工学院学报, 2013, (1): 36 – 41.

［79］Messina, Sciomachen. Evaluatuon of Resource Allocation Policies in a Production Line Using Petri Nets ［J］. Robotics and Computer – Integrated Manufacturing, 1993, 10 (6): 413 – 422.

［80］Hendriks, Voeten, Kroep. Human Resource Allocation in A Multi – Project R&D Environment: Resource Capicity Allocation And Project Portfolio Planning In Pratice ［J］. International Journal of Project Management, 1999, 17 (3): 181 – 188.

［81］邓肖夫, 陈顺良, 张敏. 工程施工项目资源配置合理性的模糊综合评价模型 ［J］. 中外建筑, 2013, (5): 130 – 131.

［82］黄玉坤, 崔新媛. 项目施工资源配置的模糊综合评价模型研究 ［J］. 山西建筑, 2005, (18): 6 – 7.

［83］黄小荣, 郭顺生, 尚保玉. 基于 DEA 与 GRA 的多项目资源配置评价研究 ［J］. 武汉理工大学学报 (交通科学与工程版), 2011, (2): 370 – 378.

［84］陈宁, 章雪岩, 周国华, 等. 多项目管理中企业资源配置效率模型 ［J］. 工业工程, 2006, (5): 92 – 96.

［85］林丽. XH 置业公司多项目管理信息系统设计与开发 ［D］. 成都: 电子科技大学, 2012.

［86］石永东. 多项目异地协同管理的理论与实证研究 ［D］. 武汉: 武汉理工大学, 2003.

［87］龚国平. 基于 Internet 的建筑业企业项目集成管理系统研究 ［D］. 南京: 东南大学, 2005.

[88] Barney, J. B. Firm resorce and sustainable competitive advantage ［J］. Journal of Management, 1991, (17).

[89] 丁铭华. 基于自组织的企业集团资源协同管理研究 ［D］. 上海：同济大学, 2008.

[90] 赫尔曼, 哈肯郭治安译高等协同学 ［M］. 北京：科学出版社, 1989.

[91] 邹志勇. 企业集团协同能力研究 ［D］. 大连：大连理工大学, 2008.

[92] 凌鸿, 袁伟, 胥正川, 等. 企业供应链协同影响因素研究 ［J］. 物流科技, 2006, (3)：92 – 96.

[93] 郑刚. 全面协同创新——迈向创新型企业之路 ［M］. 北京：科学出版社, 2006.

[94] 陈志军, 王晓静, 徐鹏. 企业集团研发协同影响因素及其效果研究 ［J］. 科研管理, 2014, (3)：108 – 115.

[95] 王宛秋, 张永安. 基于解释结构模型的企业技术并购协同效应影响因素分析 ［J］. 科学学与科学技术管理, 2009, (4)：104 – 109.

[96] 吴治国. 变革型领导、组织创新气氛与创新绩效关联模型研究——基于中国企业的理论与实证分析 ［D］. 上海：上海交通大学, 2008.

[97] 吴明隆. 问卷统计分析与实务——SPSS 操作与应用 ［M］. 重庆：重庆大学出版社, 2010.

[98] 朱志强, 武玉洁. 施工企业多项目管理模式实施模型构建研究 ［J］. 建筑管理现代化, 2008, (5)：40 – 43.

[99] 姚先成. 工程项目管理创新—— "5 + 3" 工程项目管理模式研究与运用 ［M］. 北京：中国建筑工业出版社, 2008.

[100] 中交第二航务工程局有限公司. 管理大纲. 内部资料, 2007.

[101] 中国建筑股份有限公司. 项目管理手册. 内部资料, 2009.

[102] 中交第一航务工程局有限公司. 项目管理标准化手册. 内部资料, 2012.

[103] 石红莲, 王克西. 企业集团资金集中管理模式初探 ［J］. 财会研究, 2006, (4)：59 – 60.

[104] 尹贻林, 周培. PMO——企业多项目管理组织新形式 ［J］. 哈尔滨商业大学学报（社会科学版）, 2008, 99 (2)：11 – 13.

[105] 刘玉山. 北美施工设备租赁行业 ［J］. 建筑机械, 2000, (6)：18 – 19.

[106] 李涛. 基 B/S 模式的机械设备管理系统的设计与开发 ［D］. 成都：四川大学, 2006.

[107] 胡晓东. 母子公司人力资源控制与协同研究 ［D］. 济南：山东大学, 2006.

[108] 秦晋. 工程企业多项目优先级评价体系构建研究 ［D］. 天津：天津大学, 2012.

[109] 张悦玫, 栾庆伟. 基于平衡计分卡的战略实施框架研究 ［J］. 中国软科学, 2003, (2)：86 – 90.

[110] 罗伯特. S. 卡普兰, 大卫·P. 诺顿. 平衡计分法 ［J］. 哈佛商业评论, 1992.

[111] 王萍, 刘思峰. 基于 BSC 的高科技企业技术创新绩效评价研究 ［J］. 商业研究,

2008，（9）：111－116.

[112] 陈雪松，韩秀华．平衡计分卡和关键成功要素在战略管理中的运用与整合［J］．西安交通大学学报（社会科学版），2003，（9）：32－36.

[113] 邱均平，段宇锋，陈敬全，等．我国文献计量学发展的回顾与展望［J］．科学学研究，2003，（2）：143－148.

[114] 范全青，郭维真，凤元杰．我国文献计量学研究30年之发展［J］．情报资料工作，2009，（3）：30－33.

[115] 柳飞红，傅利平．基于FAHP的企业技术创新能力评价指标权重的确定［J］．统计与信息论坛，2009，（2）：24－28.

[116] 张立凡．基于三角模糊数的企业集团技术创新能力FAHP评价方法［J］．科技进步与对策，2007，（12）：145－147.

[117] 姜艳萍，樊治平．三角模糊数互补判断矩阵排序的一种实用方法［J］．系统工程，2002，20（2）：89－92.

[118] 徐泽水．三角模糊数互补判断矩阵排序方法研究［J］．系统工程学报，2004，19（1）：85－88.

[119] 桂黄宝，赵付民．基于模糊层次分析法（FAHP）的合作技术创新伙伴选择研究［J］．科学学与科学技术管理，2007，（9）：50－54.

[120] 周辉仁，郑丕谔，张扬，等．基于熵权法的群决策模糊综合评价［J］．统计与决策，2008，（8）：34－36.

[121] 刘芳．熵权法在评价企业竞争能力中的应用［J］．生产力研究，2004，（12）：26－28.

[122] 何逢标．综合评价方法MATLAB实现［M］．北京：中国社会科学出版社，2010.

[123] 阮连法，郑晓玲．基于熵权法的区间多目标决策方法［J］．统计与决策，2013，（12）：82－84.

[124] 郭亚军．综合评价理论、方法及应用［M］．北京：科学出版社，2007.

[125] 张颖，汪定伟．多资源分配问题中GA的应用［J］．沈阳工业大学学报，1999，（21）：75－77.

[126] 赵广田，关瑜，赵守川．关于资源配置合理性的分析［J］．郑州大学学报（工学版），2003，（24）：41－44.

[127] 徐海明．浅谈运用P3工程项目管理软件进行工期、资源平衡［J］．建设监理，2001，（2）：63－64.

[128] Weng Tat Chan，David Chua，Govindan Kannan. Construction Resource Scheduling with Genetiv Algorithms［J］. Journal of Construction Enbineering and Management，1996，（8）：125－130.

[129] 李影．面向建筑施工企业的项目群人力资源配置研究［D］．重庆：重庆大学，2012.

[130] 赵芬芬. 基于胜任素质的人才甄选多准则模糊决策——以人力资源经理选拔为例[J]. 科技与管理, 2008, (6): 104 - 106.

[131] 兰艳章, 柴华奇. 基于熵值法的多层次人才甄选评价模型 [J]. 科技进步与对策, 2006, (4): 163 - 165.

[132] 王宗军. 综合评价的方法、问题及其研究趋势 [J]. 管理科学学报, 1998, (1): 73 - 79.

[133] 梁秀霞. 文献信息资源配置效率的评价指标体系及实证研究 [J]. 图书馆理论与实践, 2013, (3): 38 - 40.

[134] 杜栋, 庞庆华. 现代综合评价方法与案例精选 [M]. 北京: 清华大学出版社, 2005.

[135] 魏权龄. 评价相对有效性的 DEA 方法——运筹学的新领域 [M]. 北京: 中国人民大学出版社, 1988.

[136] 江兵, 张承谦. 企业技术进步的 DEA 分析与实证研究 [J]. 系统工程理论与实践, 2002, (7): 66 - 70.

[137] 柯健, 李超. 基于 DEA 聚类分析的中国各地区资源、环境与经济协调发展研究 [J]. 中国软科学, 2005, (2): 144 - 148.

[138] 马占新. 数据包络分析方法的研究进展 [J]. 系统工程与电子技术, 2002, 24 (3): 42 - 46.

[139] 赵道致, 魏灿. 多项目、跨地域大型工程的协调管理体系探讨 [J]. 科技管理研究, 2006, (2): 110 - 113.

[140] 鞠成立. 施工企业协同管理平台建设 [J]. 施工技术, 2002, (12): 22 - 24.

[141] 王守清. 计算机辅助建筑工程项目管理 [M]. 北京: 清华大学出版社, 1996.

[142] 范治晖, 李铭. 建设项目管理信息系统的开发和应用 [J]. 水利水电技术, 2000, (7): 52 - 55.

[143] 徐友全. 基于计算机网络的大型建设项目信息管理系统 [J]. 施工技术, 1999, (11): 18 - 25.

[144] 吴俊. 项目信息门户在大型建设项目中的应用探讨 [J]. 建筑经济, 2007, 300 (10): 56 - 58.

[145] 乐云, 马继伟. 工程项目信息门户的开发与应用实践 [J]. 同济大学学报 (自然科学版), 2005, 33 (4): 564 - 568.

图书在版编目（CIP）数据

矿建企业集团资源协同管理研究/侯艳辉，郝敏著．－－北京：
应急管理出版社，2019

ISBN 978－7－5020－7554－5

Ⅰ．①矿…　Ⅱ．①侯…②郝…　Ⅲ．①煤矿建设—煤矿企业—
资源管理—研究—中国　Ⅳ．①F426.21

中国版本图书馆 CIP 数据核字（2019）第 110638 号

矿建企业集团资源协同管理研究

著　者	侯艳辉　郝　敏	
责任编辑	史　杰	
编　辑	王　晨	
责任校对	李新荣	
封面设计	王　滨	

出版发行　应急管理出版社（北京市朝阳区芍药居 35 号　100029）
电　话　010－84657898（总编室）　010－84657880（读者服务部）
网　址　www.cciph.com.cn
印　刷　北京建宏印刷有限公司
经　销　全国新华书店

开　本　710mm×1000mm$^1/_{16}$　印张　10$^1/_4$　字数　168 千字
版　次　2019 年 7 月第 1 版　2019 年 7 月第 1 次印刷
社内编号　20192009　　定价　48.00 元

版权所有　违者必究

本书如有缺页、倒页、脱页等质量问题,本社负责调换,电话:010－84657880